향신료 이야기

달콤한 미각의 역사

차례
Contents

03 역사와 문화의 거울로서의 향신료 07 향신료에 대하여 12 역사 속의 향신료 30 신항로의 개척, 향신료 땅을 찾아서 39 향신료의 대중화 43 아시아의 향신료 66 유럽의 향신료 78 아메리카의 향신료 87 혼합향신료

역사와 문화의 거울로서의 향신료

음식의 독특한 맛과 향을 살려주는 향신료는 요리에서 빠질 수 없는 존재이다. 우리에게 있어서도 고추와 마늘이 없는 음식을 생각할 수 없을 정도로 우리의 식생활 속에 향신료는 깊숙이 들어와 있다. 이처럼 고추와 마늘은 우리의 식문화를 대표하는 향신료이다. 하지만 우리나라에 고추가 들어온 것은 불과 400년 전의 일이다. 고추의 원산지는 중앙아메리카이다. 유럽인이 아메리카 대륙에 발을 딛고 나서 고추는 유럽으로 건너왔고, 중앙아시아를 거쳐 우리나라에 들어온 것은 2세기가 지나서였다.

향신료에도 이처럼 역사가 있음은 물론, 고추가 고추장이나 고추로 담근 김치를 낳고 나아가 금줄에 고추를 꽂는 풍습을

낳듯이, 향신료는 하나의 독특한 문화를 형성하는 데 중요한 역할을 한다.

인류는 선사시대부터 향신료를 사용해왔다. 물론 향신료는 먹는 즐거움에 봉사해왔다. 하지만 오래전 향신료는 맛을 내기 위해서라기보다는 신에게 보다 가까이 가기 위한 향료로서 때로는 신비한 미약으로서 그리고 치료제로서 사용되었다. 향신료의 역사에서 중요한 점은 고대부터 유럽에서는 향신료에 대한 관심이 많았다는 사실이다. 유럽인들은 특히 이국적인 동방의 향신료에 대해 관심이 컸다. 그들에게 동방 향신료의 원산지는 오랫동안 베일에 가려져 있었고, 따라서 그들은 향신료를 파라다이스의 산물이라 믿었다. 또한 강렬한 맛과 향을 지닌 육계, 후추 그리고 정향 등과 같은 향신료는 미각과 후각에 대한 인상적인 자극을 넘어 상징적인 의미가 강했기 때문에 때로는 신성한 것으로, 때로는 권위의 상징으로 받아들여졌다. 따라서 아주 오래 전부터 향신료는 동서교역의 중요한 품목이었다.

향신료는 비단길이라는 육로를 통해, 또는 동남아시아와 인도양과 페르시아만을 잇는 바닷길을 통해 지중해 연안과 유럽 북쪽 지역까지 흘러 들어갔다. 따라서 향신료 무역의 역사를 따라가면 동서 교류의 역사가 그대로 드러난다. 15세기 유럽의 여러 국가들이 향신료의 나라 인도와의 직접적인 교역을 위해 새로운 동방 항로를 찾아 나선 것도 향신료 무역을 독점하기 위해서였다. 또한 향신료 무역을 둘러싼 유럽 열강들 간의 오랜 전쟁은 '향신료의 파라다이스'인 동남아시아 지역을 철저히 유린했다.

그렇다고 모두가 동방의 향신료들을 접할 수는 없었다. 고대 유럽에서 육계나 후추와 같은 향신료 한 줌의 가격은 노예 한두 명의 가치와 같았다. 그러한 향신료를 사용한다는 것은 사회적 지위와 부를 과시하는 수단이었다. 중세 유럽에서는 물론이고 고대 로마에서도 한 가지 향신료만 넣고 만드는 요리는 없었다. 현대의 관점에서 보자면 과거 유럽에서의 향신료의 무절제한 사용은 음식의 맛을 살리기 위해서만 사용되었다고 보기는 어렵다. 즉, 향신료는 확립된 질서를 유지시키는 역할을 하는 사회적 상징이었고, 사회적 핵심계층은 그들이 사용하는 향신료의 양으로 구별되었다.

우리가 사용하는 향신료의 가짓수는 예전부터 많지 않아서 고추, 마늘, 생강, 계피, 초피, 겨자, 후추 등이 전부라고 할 수 있다. 식탁에 대한 기록들이 구체적으로 남아 있는 조선 시대 중기 이후의 요리서들에서 발견할 수 있는 향신료는 이러한 범위를 크게 벗어나지 않는다. 우리나라에서는 육두구나 정향과 같은 동남아시아의 희귀한 향신료들은 식재료라기보다는 주로 약재로서 쓰였다.

오늘날 외식문화의 발달과 해외여행이 늘어남에 따라 우리나라에서도 다양한 외국음식을 접할 수 있는 기회가 늘어났다. 특히 향신료가 많이 쓰이는 인도와 동남아시아 요리, 그리고 터키나 멕시코 요리에는 이국적인 향취가 그윽하다. 이처럼 향신료는 일정 정도 그 지역의 독특국적인각뿐만 아니라 문화를 반영한다. 따라서 이국적 향취의 향신료를 맛보는 것만으로도 우리는 타문화에 젖을 수 있게 된다.

향신료에 대하여

향신료의 정의

향신료香辛料란 식물의 열매·씨앗·뿌리줄기·나무껍질·꽃봉오리나 꽃술 등 식물의 일부분으로서, 음식의 맛과 향을 북돋거나 색깔을 내어 식욕을 증진시키거나 소화를 촉진시키는 기능을 하는 것을 말한다. 그러나 비록 독특한 맛과 향, 색깔을 지니고 있다 할지라도 음식에 쓰이지 않고 식물이 아니라면 향신료라 할 수 없다.

향신료의 범주는 식물에 국한되지만, 향초香草(herb)와의 관계 설정에 있어 모호함이 있다. 일반적으로 향신료에 관한 많은 책에서 향초를 함께 논의하는 경우가 많은데, 향초를 향신료에 포함시키는 경우도 있다. 그러나 엄밀하게 말하자면 향초는 바질, 타임, 파슬리, 박하 등과 같은 한두해살이풀로, 요리에서는 그것의 잎과 줄기를 사용한다. 물론 같은 풀에서 향신료와 향초를 동시에 얻는 경우도 있다. 일례로 '중국 파슬리'라 불리는 코리앤더(고수)의 씨앗은 향신료에 속하며 잎은 향초에 속한다.

향신료들은 각각 독특한 향을 지니고 있다. 먼저 각각의 향신료가 독특한 향을 내는 것은 향신료에 들어 있는 휘발성 기름인 정유精油(essential oil) 때문이다. 휘발성 기름인 정유는 기화되면서 후각을 자극해 입맛이 돋게 한다. 정유의 함량이 많은 경우에는 강한 향을 발산한다. 따라서 향신료는 예부터 음식에 쓰일 뿐만 아니라 제례나 의식에 향불 또는 향료, 향유의 형태로 사용되었다. 오늘날에도 향신료에서 추출한 정유는 향수나 향료를 만드는 데 쓰인다.

향신료의 역할

섬세하고 다양한 향신료의 맛은 미각을 즐겁게 한다. 육두구, 카르다몸과 같은 향신료는 미묘한 맛을 낸다. 계피는 단맛을 내기도 하고 매운맛을 내기도 하는데, 한마디로 말하기 어려운 독특한 맛이어서 단맛, 쓴맛, 신맛, 짠맛, 매운맛 어느 하나로 규정하기가 어렵다. 이러한 미묘한 맛은 정유 성분이 후각을 동시에 자극하기 때문이다.

이처럼 향신료는 무엇보다도 음식의 맛을 북돋워주며 좋은 향기가 나게 함으로써 식욕을 자극한다. 육류의 누린내와 생선의 비린내와 같은 좋지 못한 냄새를 완화시키고 좋은 향이 나도록 한다. 또한 향신료의 매운맛과 씁쌀한 맛은 소화액의 분비를 촉진시켜 소화를 돕는다. 다음으로 상당수의 향신료는 살균효과와 방부효과가 있어 음식이 쉽게 부패되지 않도록 한다. 열대 지방일수록 음식에서 향신료를 많이 사용하고 매운맛이 강한 이유도 이러한 맥락에서 볼 수 있다.

강황이나 사프란과 같은 향신료는 그 매혹적인 빛깔로 우리의 시각을 자극해 식욕을 북돋워준다. 카레에 들어 있는 강황은 음식을 노란색으로, 꽃의 암술을 말려 얻은 사프란은 음식을 금빛으로 물들인다. 이처럼 향신료는 독특한 향과 맛, 색깔로 음식의 풍미를 살려준다.

또한 향신료는 먹는 즐거움을 위해서뿐만 아니라 병을 치료하기 위해서도 쓰였다. 고대부터 오늘날에 이르기까지도 동서양에서 향신료는 약재로, 제의용으로 쓰이고 있다. 그리고 정유 성분은 추출되어 화장품을 만드는 데 쓰인다.

향신료의 구입과 사용방법

우리의 경우 향신료 전문상점이 드물기 때문에 대부분 분말로 되어 있는 향신료를 구입해서 쓴다. 하지만 향신료는 가능한 한 분말보다는 통째로 구입해서 사용하기 직전에 직접 갈아서 사용해야 가장 좋은 향을 낼 수 있다. 향신료는 소량씩 사용하기 때문에 오랫동안 보관하면 변질될 수 있으므로 그때그때 필요한 만큼 구입하는 것이 좋다.

아무리 좋은 향신료를 구입했다 하더라도 잘 보관하지 못하면 그 가치를 잃어버린다. 향신료는 가루로든 통째로든 밀폐된 용기에 넣어 습기가 없고 어두운 선반이나 서랍에 보관해야 한다. 습기와 열은 향신료의 향기를 내는 성분인 정유를 쉽게 변질시키고 날아가게 한다. 모든 향신료를 6개월 정도 보관할 수 있지만 잘 보관한다면 그 이상 갈 수도 있다. 그러나 대부분의 가루로 된 향신료는 5~6개월 내에 향과 색깔을 잃어버린다.

향신료를 사용하는 방법은 향신료에 따라 또한 어떤 요리에 쓰는가에 따라 다르다. 언제나 핵심은 향신료의 독특한 맛과 향을 가장 잘 살려내는가에 있다. 먼저 가장 흔한 사용방법은 **빻아서** 쓰는 것이다. 이 경우 향신료를 사용하기 직전에 갈아서 사용하는 것이 좋다. 우리는 흔히 미리 갈아서 파는 후춧가루를 사용하는데 그것보다는 통후추를 페퍼밀에 넣어 필요할 때마다 갈아서 쓰면 훨씬 좋은 후추향을 즐길 수 있다. 다른 향신료들은 절구나 전동분쇄기를 이용해 경우에 따라 굵게 또는 곱게 빻아준다. 가루를 낸 향신료는 일반적으로 음식이 거의 다 익어 갈 무렵에 넣어야 향을 완전히 살릴 수 있다. 오랫동안 끓여야 하는 스튜와 같은 요리의 경우에는 서서히 향을 우려낼 수 있는 통째로 된 향신료를 넣은 뒤 마지막에 건져준다.

향신료의 사용량은 대개 조리법들을 보면 '적당히' 또는 '약간'이라고 적혀 있는 경우가 많다. 익숙한 향신료를 쓸 경우에는 별 문제가 없겠지만 그렇지 않은 경우에는 난감하기만 하다. 무책임하게 보일 수도 있지만 이럴 때는 말 그대로 조금씩 넣어 향과 맛이 잘 살아나는지를 알아보는 수밖에 없다. 왜냐하면 향신료를 지나치게 사용하면 원재료의 맛을 죽일 수 있고 너무 적게 넣으면 그 향을 살려내지 못하기 때문이다. 그리고 향신료의 양을 개인의 취향에 따라 적절하게 사용해야 맛있는 음식을 만들 수 있다.

역사 속의 향신료

향신료에 대한 최초의 기록

인류는 언제부터 향신료를 사용했을까. 최근의 고고학적 연구와 발굴들은 선사시대에도 향신료가 사용되었음을 알려주고 있다. 기원전 8000년경부터 5000년 사이의 신석기 시대의 집단거주지에서 타다 남은 곡물이나 원시적인 빵조각들에서 향신료가 발견되었는데, 그중 스위스의 호숫가 집단 거주지에서는 캐러웨이, 주니퍼 베리, 겨자 등이 발견되었다. 이 사실로 미루어보아 이때부터 이미 향신료가 먹는 즐거움에 봉사했을 것으로 짐작된다.

향신료에 대한 최초의 기록은 기원전 2800년에 쓰인 이 이집트의 파피루스 기록과 기원전 2200년경의 수메르의 점토판 기록이다. 이 기록들에 따르면, 고대 이집트인들은 허브와 몰약, 유향 그리고 육계(肉桂)나 계피, 카르다몸, 아니스 등과 같이 오늘날 우리

아몬 신 앞에 향불을 피워 바치는 파라온 투트모시스3세(기원전 1479~1425년 재위)를 그린 부조

가 알고 있는 향신료를 사용했다. 고대의 기록들에서 향신료는 무엇보다도 제의용으로 많이 쓰였다.

종교 의식에서 향신료는 향불을 피우는 데 사용되었다. 제단 앞에서 향신료를 태우면 향신료의 정유가 타면서 나는 독특한 향기들이 신전 가득히 신비로운 분위기를 만들어냈다. 이처럼 향신료는 인간을 신에게 보다 가까이 다가가게 하는 신비한 능력이 있었다. 구약성서에서도 제의용으로 향신료가 사용되었음을 언급하는 구절을 쉽게 찾아볼 수 있다. 향신료는 다른 향료들과 함께 향을 피우기 위해 또는 각종 제의 용품을 바르는 데 사용되었다. "너희는 최상의 향료를 준비하거라. 몰약 500세겔, 향기 좋은 육계 250세겔, 향초 다발 250세겔."(출애굽기 30:23) 기원전 950년경에 현재 아라비아 남부의 예멘 지역에 있던 스바 여왕이 솔로몬을 방문했을 때, "금 120달란트와 각종 향료와 보석을 왕께 선물했다. 스바 여왕이 솔로몬 왕께 드린 향료의 양은 이전에도 본 적이 없을 정도로

많았다."(역대기 하 9:9) 이러한 향료는 성직자 왕이 집전하는 제의의 제례용품으로 쓰였다.

중국을 비롯한 동양에서도 일찍부터 향신료는 사원의 재단에서 분향으로 쓰였다. 어느 종교에서나 향신료는 신성한 물질로 다루어졌다. 방에는 향을 피워 냄새를 가득 채웠으며, 옷에는 향료나 향신료의 분말을 뿌려 향긋한 냄새가 나도록 해 종교의식을 거행했다.

특히 이집트에서 향신료는 시신을 방부처리하고 미라로 만드는 데 중요한 역할을 했다. 기원전 1세기 시칠리아의 역사가 디오도로스는 미라를 만드는 과정을 상세히 기록하였다.

> 먼저 시신의 절개된 부위로 뱃속 깊숙이 손을 넣어 심장을 제외한 모든 내장을 꺼낸다. (중략) 그런 다음 시신 전체에 삼나무 기름과 몇몇 다른 약품들을 바른 후 몰약과 육계 가루를 뿌려 한 달 이상 놓아둔다. 이러한 향신료들은 시신을 장기간 보존시켜줄 뿐만 아니라 좋은 향기가 나게 한다.

이 시기에 향신료가 식생활에 어떻게 이용되었는가에 대한 정확한 기록을 찾기는 쉽지 않다. 그러나 기원전 2600년경 피라미드 건설 노동자들에게 아시아에서 유래한 마늘을 먹였다는 기록이 있다. 또한 신에게 바치는 음식을 정화하기 위해서 향신료를 사용했다는 사실도 당시의 기록들에서 발견된다.

고대 그리스와 로마

고대 그리스는 후추, 육계, 생강 같은 동양의 향신료를 수입했다. 물론 이는 귀족들의 전유물이었다. 이 향신료들은 너무 비싸서 향유나 몰약과 마찬가지로 누구나 접근할 수 없었다. 고대 그리스에서 향이 가미된 작은 오일병 하나는 노예 한 명 또는 두 명의 값과 같았다. 일상 요리에서는 지중해 지역에서 나는 커민, 바질, 사리에트, 타임, 월계수 잎과 같은 향초와 향신료를 사용했다. 사프란 역시 그리스에서 자랐다. 기원전 7세기 아름다운 여류시인 사포의 시에도 사프란은 등장한다. 이 꽃의 암술을 먼저 향이 나는 화환을 만드는 데 사용했으며, 신전에 제물로 바치거나 옷감 염색에 썼다. 또한 최음효과가 있는 것으로 알려진 육계와 마찬가지로 포도주에 향미를 주기 위해 사용되기도 했다.

기원전 4세기 알렉산드로스 대왕이 인더스강과 유프라테스강까지 진출하고 북인도를 공략하면서 지중해 지역에서 향신료 사용이 보다 용이하게 이루어질 여건이 마련되었다. 따라서 해안을 따라 또는 육로 곳곳에 중간 교류 지점들이 생겨났으며, 기원전 332년에 세운 알렉산드리아는 향신료 무역의 중심지가 되었다.

고대 로마인들은 특히 후추에 열광했다. 티베리우스 황제 시절 서양 역사상 최초의 요리장이라고 할 수 있는 마르쿠스 가비우스 아피키우스는 모든 요리에 후추를 터무니없을 정도로 많이 사용하였다. 그는 또한 삶은 칠면조, 홍학찜, 속을 채운 암퇘지 요리 등과 같은 축제용 요리뿐 아니라 일상적으로 사용되는 소스에도 후추를 포함해서 12가지 향신료를 넣었다.

후추 외에 육계, 카르다몸 등도 로마인들이 좋아하는 향신료들이었으며, 음식 외에도 와인에 넣어 마시기도 하고 화장품과 약재로서도 사용했다. 그들은 음식에 풍미를 내는 것을 넘어설 정도로 향신료를 지나치게 사용했으며, 이는 때로 개탄의 대상이 되었다. 플리니우스는 『박물지』에서 "아주 적게 잡아도 인도, 중국 그리고 아랍이 우리 제국으로부터 빼가는 돈이 일 년에 1억 세스테리우스(고대 로마의 은화)이다"라고 비판했다.

로마의 유럽 원정은 그들의 문명과 함께 향신료를 보급했다. 기원전 50년경 로마는 잉글랜드를 침공하면서 겨자씨를 가져갔고, 골족과 켈트족도 이국적인 향신료의 가치를 알게 되었다. 그러나 410년 로마가 고트족에게 함락되어 서로마제국은 역사 속으로 사라지고, 동로마제국의 콘스탄티노플은 서양 제국의 중심이자 새로운 상업교역의 중심지가 된다. 그리고 641년 회교도에 의해 알렉산드리아도 점령되면서 향신료 무역은 심각하게 위축된다.

따라서 호사스런 요리의 전통도 비틀대며 사라져갈 수밖에 없었다. 서로마제국의 붕괴로 아피키우스가 가르친 요리사들이 필요한 재료들을 구하기 어려웠기 때문이다. 또한 '야만인'들이 왕권을 차지하면서 고전적인 교육이 붕괴되고 요리의 전통도 와해될 수밖에 없었다.

고대 향신료의 교역로 - 스파이스루트와 실크로드

고대 이집트의 파피루스와 구약성서에 등장하는 육계와 같은 향신료는 당시 그 지역에서 나는 것이 아니었다. 구약성서 「창세기」에 보면 약 기원전 1730년경 형제들이 요셉을 죽이려 할 때 '향료와 유향과 몰약을 낙타에 싣고 이집트로 가고 있는 길리아드로부터 온 이스라엘 대상'을 만나게 된다. 요셉의 형제들은 은화 스무 냥에 요셉을 이들에게 팔아넘긴다. 이 장면을 통해서 우리는 당시 아시아와 유럽 간의 교역을 중개하던 아랍의 대상隊商들이 있었음을 확인할 수 있다. 당시 동방에서 들어오는 향신료와 보물들이 낙타 등에 실려 지중해 연안의 소아시아 지역까지 운반되고, 이는 다시 지중해를 통해 고대 그리스나 로마로 흘러들어갔다.

이미 오래전부터 아랍인들은 해상로를 통하여 인도로부터 귀중한 물품을 들여오고 있었다. 이 시기에 동서 교통의 요지에 있으면서 막강한 세력을 행사했던 파르티아(安息, 기원전 240~기원후 226)는 지중해 동부 연안의 중개무역을 독점하고 막대한 이윤을 취득했다. 이국의 향신료를 막대하게 소비했던 로마인들은 기원전 1세기 홍해까지 진출함으로써 인도로 갈 수 있는 이 해상로를 확보할 수 있었다.

물론 로마의 인도와의 교역은 일시적으로 이루어진 것은

아니다. 양자 간의 교역을 중간에서 차단하던 세력인 제2의 페르시아 제국 파르티아와의 대결 속에서 점진적이고 단계적으로 추진될 수밖에 없었다. 당시 로마와 인도의 교역에 관한 기록은 로마제국의 동방 거점인 알렉산드리아를 중심으로 행한 동방무역의 안내서 『에리트라해 안내기 Periplus Maris Erythrai』에 상세히 나타나 있다. 이집트 상인 그레코로 추정되는 저자는 동방무역을 위해 배를 타고 홍해·아라비아해·인도양·페르시아만·벵갈만·말라카 해협을 항해한 내용을 상세히 기록하고 있다.

항해기는 우선 인도양에서의 계절풍을 이용하여 항해하기에 적절한 시기를 자세히 언급하는 것으로 시작하고 있다. 인도양에서는 해마다 6월에서 9월까지 히프로스풍이라는 남동계절풍이 불기 때문에 7월경 이집트나 아덴 등 홍해 입구에서 출발하여 인도양을 항해하는 것이 가장 좋다. 벵갈만은 12월에서 2월 사이에 북동계절풍이 불고 3월에서 5월 사이에 서풍이 불기 때문에 이 기간에 서쪽으로나 동쪽으로 항해하는 것이 용이하다. 계절풍을 이용하면 안전하고 신속하게 항해할 수 있기 때문이다. 계절풍을 이용하여 항해가 순조로울 경우, 홍해 입구부터 인도 서해안 무지리스 항까지는 40일밖에 걸리지 않았다.

이러한 인도 항로를 통해 로마인들은 대형 선박으로 후추를 사갔다. 한때 홍해 연안에서는 120척의 배들이 향신료의 향이 감도는 바람을 타고 인도양을 건너갔다. 오늘날 '스파이

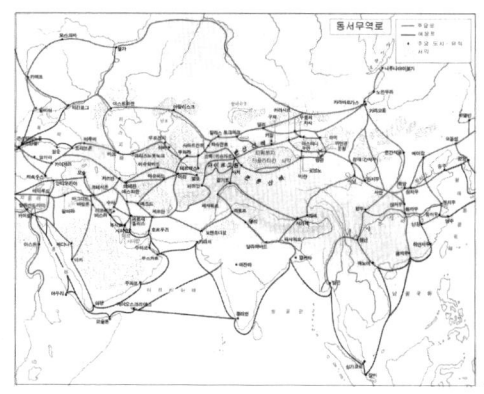

실크로드와
스파이스루트

스루트'라고도 불리는 이러한 해상 무역로를 통해 로마는 유리기구·은그릇·황옥·은화·안식향·직물·포도주·향유 등을 수출하였고, 인도로부터는 후추·육계와 같은 향신료뿐만 아니라 상아·염료·중국의 생사 등을 들여왔다.

향신료 동서교역의 또 다른 통로는 육로 실크로드였다. 이미 한나라 시대에 이 통로를 통해 비단이 풍요로운 고대 로마에 들어왔다. 실크로드에는 중국 북서 지방에 있는 시안을 출발점으로 여러 갈래의 길이 있다. 동에서 서로 이어지는 실크로드는 우선 고비사막을 가로지른 후 거칠기 이를 데 없는 타클라마칸 사막의 남쪽 혹은 북쪽을 에둘러 지나간다. 두 길은 중국의 가장 서쪽에 위치한 카슈가르에서 다시 만나, 옛 소비에트 연방의 중앙아시아 지역을 지나, 화려한 이슬람 건축양식을 보여주는 사마르칸트에 이른다. 이곳에서 길은 카스피해를 남쪽이나 북쪽으로 우회해서 테헤란이나 바그다드로 또는 터키를 거쳐 지중해 연안에 이르게 된다. 중국에서 지중해에 이르는 이 기나긴 노정에는 동남아시아를 따라 더 남쪽으로 이어지는 노선이 덧붙여진다. 캘커타, 갠지스 강 유역, 인도 북부, 아프가니스탄을 지나 이란의 북동부의 도시 마슈하드까지 이르는 길이다. 이 실크로드를 통해서도 아시아산 향신료들과 비단이 전래되었다.

신드바드의 모험과 이슬람의 동서무역 독점

서로마제국의 멸망 이후, 6세기부터 세력을 확장하기 시작한 아랍은 8세기 중반에 이르러서는 스페인과 북부 아프리카에서부터 중국 국경에 이르는 이슬람왕국을 건설했다. 이집트 연안의 홍해에서부터 인도에 이르는 스파이스루트는 물론 실크로드는 아랍에 의해 점령되었기 때문에 서유럽은 직접적인 향신료 교역을 할 수 없게 되었다.

750년 '정원으로 둘러싸인 도시' 바그다드는 이슬람 문화의 중심지였다. 압바스 왕조가 개화된 이 도시는 지중해와 인도양의 중간에 위치하고, 서로는 모로코에서 동으로는 극동에 이르는 지역의 상품을 자석 끌어당기듯이 활발하게 교역하는 중심지였다.

우리에게 아라비안나이트로 잘 알려진 『천일야화』라는 설화집에 실려 있는 신드바드의 모험 이야기도 이 무렵이 배경이다. 선원이자 뛰어난 아랍 상인의 기질을 가진 신드바드는

7차례에 걸쳐 인도로 항해를 한다. 신드바드의 모험 이야기에는 태양을 날개로 가릴 만큼 큰 새, 괴물 같은 뱀, 부자가 죽을 때 하인까지 매장하는 풍습, 난파 등 흥미진진한 이야기가 수없이 많다. 그런 신드바드의 모험 뒤에는 인도·인도네시아·중국·일본에 이르는 긴 항해와 교역이 더불어 이루어졌다.

이슬람교를 창시한 마호메트도 향신료 상인이었다.

아랍 상인들은 이미 오래 전부터 인도의 서해안에 식민지를 개척했다. 신드바드의 모험에 비추어볼 때 7세기에 이르러서는 육두구와 정향을 얻기 위해 말레이 반도에까지 진출했었고, 이곳에도 말라카라는 항구도시에 향신료 무역의 교두보를 확보했다. 그리고 곧 중국의 광저우에 도달하였고, 그 후 점점 교역이 증가하여 그곳에 이슬람 사원이 세워지기까지 하였다. 통일신라는 당과의 교역을 통해 서역에서 온 물품들을 접할 수 있었고, 이때 열대아시아 지역에서 온 향신료들이 한반도에 유입되었을 가능성이 있다. 동아시아에부터 아라비아 반도에 이르는 기나긴 해상 실크로드는 15세기 유럽인들이 뛰어들기 전까지는 아랍인들의 수중에 있었다.

실크로드를 통해 향신료는 지중해 동부 해안 지역에 도착했고, 동시에 바닷길을 통해 유입된 페르시아만의 바스나 예멘의 에덴, 홍해 위쪽에 위치한 쿨줌에 하역된 다음 낙타에 실려 카이로나 알렉산드라, 그리고 지중해 동안으로 운송되었다. 비단과 향신료가 운반되는 과정은 결코 순탄치 않았다. 무엇보다도 자연의 변화무쌍한 변덕은 목숨과 귀중품을 한꺼번에 날려버렸다. 다음으로는 통과하는 지역의 영주들이 거두어들이는 통행료와 교역세였다. 이렇게 이 지역 저 지역을 지나며 이 상인 저 상인을 거친 비단과 향신료가 마침내 지중해의 동부 연안에 이를 때면 출발지와는 비교도 안될 만큼 비싼 값이 매겨져 있었다.

십자군 전쟁과 지중해 무역의 융성

서로마제국의 멸망과 이슬람세력의 확장은 동서양 간의 교역을 쇠퇴시켰다. 게다가 중세 초기에는 유럽 가톨릭과 아랍 이슬람 간의 교류는 거의 이루어지지 않았다. 또한 서로마제국의 영토를 차지한 게르만족들은 아직 체계적인 국가체제를 이루지 못하고 있었다. 따라서 중세 초기 몇 세기 동안 아시아로부터 오는 향신료는 궁정과 수도원에서도 제한적으로 쓰였다. 당시 사용했던 향신료는 회향, 생강, 사프란, 마늘, 후추, 정향 등이었다.

11세기부터 13세기까지 수차례에 걸친 십자군 전쟁은 동양과의 교역을 회복시켰다. 십자군과 순례자들은 이탈리아 선박에 의해 성지로 수송되었다. 그곳에서 십자군들은 후추, 정향 등으로 세금과 대상금을 거두어 들였다. 다른 한편 모직, 옷, 철, 목재 등을 무화과 열매, 레몬, 오렌지, 아몬드 그리고 향신료 등으로 교환하는 거래들이 이루어졌다.

이러한 동서무역의 회복에 가장 커다란 이익을 얻은 곳은 베네치아와 제노바였다. 실크로드와 스파이스루트를 통해 지중해 동안에 도착한 향신료와 아시아의 귀중품들은 대립관계에 있었던 두 공화국의 수중에 들어갔다. 베네치아는 십자군을 유리하게 이용하여 상인들에게 부를 가져다주었다. 베네치아는 알렉산드리아에 기지를 둔 이집트의 함대를 물리치고, 이제까지 이슬람 열강들이 장악해온 지중해의 상업 루트를 하나씩 지배하게 된다. 13세기에는 대립관계에 있던 제노바를 제압함으로써 동서무역의 부는 베네치아로 집중된다. 이탈리아 르네상스의 출발도 이러한 동서무역을 통한 부의 축적에 기반한다.

15세기는 베네치아 공화국의 전성기이다. 베네치아인들은 경험을 통해 항해술과 상업에 대한 완벽한 기술을 습득했다. 베네치아는 35톤급 상선을 300척이나 소유한 덕분에 유럽 전역에 대한 물품 공급을 확고히 할 수 있었다. 아랍 상인들에 의해 지중해 동부 연안에 도착한 향신료들은 이미 출발지의 가격보다 수십 배나 뛰어 있었고, 베네치아는 이를 중개하면서 막대한 이윤을 거두어 들였다. 향신료가 식탁에 이르렀을 때는 그야말로 금값이었다.

사회적 신분의 상징으로서의 향신료

14세기 말 프랑스의 왕 샤를르의 요리사였던 기욤 티렐 Guillaume Tirel, 일명 타유방Taillevent은 요리서 『비앙디에*Viandier*』를 남겼다. 이를 통해 당시의 조리법을 알 수 있는데, 특히 인상적인 것은 향신료를 많이 쓰고 있다는 점이다. 아직 소스 개념이 명확히 잡힌 시기는 아니었지만 당시 소스는 대체로 시면서도 동시에 향신료의 풍미가 아주 강했다. 신맛을 내기 위해서는 청포도즙이나 레몬즙, 오렌지즙 등이 사용되었다. 타이유방의 책에서 등장하는 향신료로는 생강, 육계, 정향, 아프리카 후추, 긴 후추, 육두구, 메이스, 사프란, 마늘 등이다. 또한 당시에는 향신료로 여겨졌던 설탕과 꿀도 등장한다. 예를 들어 소의 혀 요리나 생선요리의 소스로 쓰였던 '소스 카믈린 sauce cameline'는 육계를 기본으로 하는 소스이나, 여기에는 동시에 생강, 정향, 메이스, 긴 후추 등이 들어갔다. 이러한 소스에는 어떤 맛을 내는가를 상상하기 어려울 정도로 많은 종류의 향신료가 들어갔다.

축제와 같은 행사에서는 향신료의 분량이 더욱 증가했다. 이는 중세 시대의 요리법이 신중하게 맛보고 양념을 한다거나, 요리를 미각적으로 완성시킨다거나, 각각의 첨가물이 서로 조화를 이루게 하는 것과는 거리가 멀었다는 사실을 증명

한다. 이렇게 지나치게 향신료가 첨가된 음식은 오늘날 사람들의 입맛으로는 거의 먹을 수 없는 것이니 그런 음식을 즐기기는 더욱이 불가능하다. 이처럼 중세 요리의 특징은 '향신료에 대한 강렬한 욕구' '향신료중독' '향신료에 대한 광기어린 집착'이라는 말들로 표현할 수 있을 정도로 향신료를 과도하게 사용했다는 것이다.

그렇다면 왜 이렇게 많은 향신료를 사용하였을까. 이에 대해서는 다양한 논의가 있는데, 먼저 향신료가 음식의 저장에 효과가 있었다는 주장이 있다. 하지만 당시의 요리책은 향신료를 요리과정의 맨 나중에 첨가하라고 하고 있어, 향신료의 사용 의도가 음식의 저장을 위한 것은 아니었음을 알 수 있다. 다음으로 많은 양의 향신료를 통해 오래되고 신선하지 않은 고기의 맛을 감추었다는 의견도 있다. 그러나 고급스럽고 값비싼 이국의 향신료들을 낭비하듯이 마음껏 사용했던 상위계층은 오래되거나 상한 식재료를 쓸 필요가 전혀 없었다. 따라서 신선한 고기를 먹을 수 있는 상위계층이 다른 이유에서 향신료를 즐겼다.

귀한 음식을 마음껏 낭비하는 일은 소수 지배계층이 자신의 우월성을 표시하는 상징이었다. 의복에서 나타나는 것과 마찬가지로 음식은 계급의 상징이었다. 특권층은 옷과 장신구를 풍족하게 썼지만, 평민들은 단순한 겉옷만 입고, 맨발로 다녔다. 향기와 풍족함의 힘을 가진 음식의 장식품인 향신료는 상위계층의 사회적 우월성을 분명하게 나타내줌으로써 자신들의 정체성을 확인시켜주는 역할을 했다. 결국 고대부터 중세시대의 사회적 상징이었던 향신료는 확립된 질서를 유지시키는 역할을 했고, 사회체계의 핵심계층은 그들이 사용하는 향신료의 양으로 구별되었다.

치료제로서의 향신료

향신료에 대한 중세 시대의 지나친 열정은 당시의 의학에서 향신료가 담당했던 역할과도 관련이 있다. 의사들은 환자를 치료하는 수단으로 향신료를 사용하기도 했다. 당시 사람들은 신체 내 체액의 불균형이 질병을 유발한다고 믿었다. 이는 고대 의학자 히포크라테스에서 제기되고, 갈레노스에 의해 발전된 체액론에 따른 것이었다. 피, 점액, 황색 담즙, 검은 담즙 등 네 가지 체액의 불균형을 해소하기 위해서 환자의 개인적인 체온과 음식, 그리고 향신료의 질을 고려한 치료방법이 모색됐다. 향신료는 '뜨겁고' '건조한' 음식으로 간주되었다. 따라서 특히 과일이나 생선과 같이 '차갑고' '습기가 많은' 음식, 또는 '차갑고 마른' 고기를 적당한 온도에 맞추고 잘 소화시키기 위해서 향신료를 첨가물로 애용했다.

중세, 그리고 근대 초기에도 페스트와 같은 전염병은 그야말로 공포의 대상이었다. 당시 사람들은 이와 같은 전염병이 돌 때 향신료를 태우면 공기를 정화할 수 있다고 믿었다. 한 저명한 의사는 향료를 가득 넣은 향긋한 냄새를 풍기는 향료갑을 몸에 지니자 '페스트에 전염되었을 때' 나타나는 '오한과 욕지기'를 피할 수 있었다고 주장했다. 또한 전염병 증상이 보이기만 해도 두 시간 안에 죽기 때문에 가능한 한 서둘러 향료갑을 만들어 달아야 한다고 주장했다. 의사들은 육두구의 치료효과는 단순히 치명적인 질병에만 국한되지 않는다고 했다. 수없이 많은 식이요법서나 초본서들은 육두구나 다른 향신료들이 여러 가지 가벼운 질병을 다스리는 데 큰 도움이 된다고 기술해 놓았다. 가슴에서 울리는 듯한 기침이 나면 육두구를 넣고 따뜻하게 데운 와인을 권했다. 정향은 귓병 치료에 효과적이며, 후추는 감기를 없애준다고 적혀 있다. 갑작스런 호흡곤란을 일으키는 사람들에게는 소두구, 계피, 육두구 등 열다섯 가지 향신료를 넣은 포푸리가 탁월한 효과를 발휘한다고 권했다.

공물 또는 뇌물로서의 향신료

고대부터 근대에 이르기까지 값비싼 이국의 향신료들은 금과 같은 귀중품들과 마찬가지로 때로는 공물, 때로는 뇌물로 사용되었다. 고대 로마에서는 충성을 맹세한 외국 군주들은 집정관, 원로원 의원, 장군 그리도 모든 실력자들에게 후추를 상납했다. 로마 제국이 쇠망하면서 그런 일은 거꾸로 일어나게 되었다. 408년에 로마를 포위한 서고트족의 알라리크 1세는 주민들의 몸값으로 후추 3,000파운드, 금 5,000파운드 그

1621년 브뤼겔의 그림.
현물로 마을 판사에게 보수를 지불하는 농부들

리고 은 3만 파운드를 요구했다. 비잔틴 제국의 콘스탄티누스 1세는 로마 교회에 대해 깊은 존경심을 표시하기 위해 교황 실베스테르에게 각종 보석과 함께 150파운드의 정향을 선물했다. 이러한 엄청난 양의 향신료들은 음식재료로서뿐만 아니라 상대방의 권위에 대한 존경과 복종이라는 상징적인 의미를 가졌던 것이 분명하다.

구체제의 프랑스에서는 송사가 잘 끝나면 판사들에게 '판사의 향신료'를 선물했다. 그러나 어려운 사건의 경우에는 그런 향신료가 감사의 표시가 아니라 뇌물이 되어버렸다. 다시 말해 그런 선물은 송사에 강제로 부과되는 세금과 같아졌고 송사가 지연되는 것을 막아주는 역할도 했다. 판사들은 그런 선물을 시장에 내다 팔았을 것이고 결국은 선물 대신 현금을 주는 셈이었다. 현금으로 낸다는 뜻의 '향신료로 갚다(payer en espèces)'라는 프랑스 표현이 말장난이라고 하겠지만 그것을 내는 사람들에게는 우스운 일이 아니었다.

구체제가 끝날 때까지도 그런 돈을 내야 했다. 라신은 판사들에게 '대향신료 상인들'이라는 직함을 붙여줄 만큼 판사들에게 후추를 뇌물로 바치는 풍습을 조롱했다. 그의 희곡 『소송광들』의 주인공은 그런 관습을 모르는 것처럼 행동한다. "그는 계속 향신료를 요구했다. 그래서 나는 부엌으로 가서 후추통을 찾으려고 이리저리 뛰어다녔다." 프랑스 혁명 때 가장 중요한 개혁 가운데 하나가 바로 1790년 8월 24일의 법이 이런 뇌물 '향신료'를 금지함으로써 공정한 재판이 이루어지도록 한 것이었다.

신항로의 개척, 향신료 땅을 찾아서

중세 유럽에서 향신료 무역은 아랍과 베네치아 상인의 손아귀에 있었다. 중세 말엽 향신료에 대한 소비가 증대하면서, 베네치아는 향신료 중개무역을 통해 막대한 부를 축적했다. 따라서 유럽의 여러 나라들은 향신료나 귀금속 무역에 더 이상 중개인을 통하지 않고 직접적으로 나서고자 했다.

이 시대 더 이상 향신료의 원산지는 미

오랜 여행 끝에 이탈리아에 도착한 마르코 폴로 일행이 향신료와 비단을 배에서 내리고 있다.

지의 곳이 아니었다. 이미 마르코 폴로의 여행이나 기타 개인적인 여행과 탐험은 동양으로 향하는 길과 향신료에 대한 정보들을 제공했다. 또한 아랍어로 번역된 그리스학이 이슬람의 지배 아래에 있었던 이베리아 반도에서 라틴어로 다시 번역되어 유럽에 소개되었다. 이 중에는 기원전 5세기에 피타고라스학파가 주장한 세계구형설, 또한 투영도법에 의한 최초의 세계도 등이 있었다. 이를 통해 새로운 세계에 대한 관심이 증대되고, 이는 경제적 이익 추구와 맞물려 신항로 개척으로 이어지게 된다.

포르투갈, 동쪽 항로의 개척자

새로운 동방 항로를 개척하려는 노력은 포르투갈에서 먼저 시작되었다. 아프리카의 북서 해안에 관한 지식을 비교적 풍부히 가졌던 포르투갈은 금과 향신료가 풍부한 동방의 인도 항로를 개척하기 위해 아프리카 대륙을 돌아 항해할 계획을 세운다. 이러한 계획은 15세기 초부터 포르투갈의 왕자 엔리케에 의해 추진된다.

이들은 아프리카 북서부를 넘어 아직도 유럽에서 가보지 못한 미지의 세계에 대해 알고 싶어했다. 이러한 동기는 당연히 새로운 동방무역로를 통한 경제적 이익과 관련되어 있었고, 가톨릭을 미지의 세계에 전파하고자 하는 욕망과도 함께 했다.

먼저 이들은 지브롤터 해협 건너의 북서 아프리카에 있는 이슬람 세력을 공략함으로써 사그레스를 교두보로 확보했다. 카나리아 제도, 마데이라 제도, 아조레스 제도의 항해를 통해 상아·노예·소금·금 등을 주로 교역하는 이 지역의 이슬람 무역권을 손에 넣기 시작했다. 1434년 항해왕 엔리케는 보아돌곶, 1444년 세네갈과 베르데곶까지 진출한다. 엔리케 왕자의 사망 후 상아해안, 황금해안 등의 탐험으로 1482년에는 마침내 노예무역의 중심지가 되는 에루미나 지역에 요새가 건설되었다. 아프리카 서해안을 따라 계속 남진하다가 1487년 리스본을 출발한 바르톨로뮤 디아스는 처음으로 아프리카 최남단의 희망봉을 돌아서 동해안으로 약간 북상하였다가 이듬해 말에 귀국했다.

이렇게 발견된 바닷길을 이용하기 시작한 것은 그로부터 8년이 지난 뒤였다. 1492년 크리스토퍼 콜럼버스는 분명히 훨씬 더 편한 길을 통해 '인도'에 도착했다. 그러나 1490년대 말에 이르자 콜럼버스의 서쪽 항로에 대해 의구심이 생기고 남남동쪽으로 항해하여 인도로 가는 바닷길에 대한 관심이 되살아났다. 1497년 포르투갈의 선장 바스코 다 가마는 리스본을 출항, 마침내 1498년 5월 인도 서해안 말라바르 해안의 캘리컷에 도착함으로써 인도 항로를 발견하게 된다. 1511년 포르투갈은 '향신료의 섬' 몰루카 제도에 도착했다. 그리고 가장 중요한 향신료 교역항인 말레이 반도 남서부에 있는 말라카에 기지를 세웠으며, 1512년에는 자바 섬까지 진출했다. 그리고 그 다음에는 인도 서부 해안의 향신료 항구를 장악한 뒤 이슬람 중간 상인들에게서 향신료 교역권을 강제로 빼앗았다.

포르투갈 상선이 '향신료의 섬'까지 무사히 개척해 화물칸에 후추와 육두구, 정향을 한가득 싣고 돌아왔다는 소식은 베니스 상인들에게는 청천벽력과 같은 것이었다. 오랫동안 이탈리아와 아랍에게 막대한 이득을 주었던 향신료 무역이 새로운 정복자의 수중에 넘어갔다. 포르투갈의 독점을 주축으로 하는 직접적인 동방과의 무역은 중세 이래 독점적으로 수행한 이탈리아 상인의 중개무역의 기능을 크게 축소시키고 동방무역의 중심을 베네치아에서 리스본으로 이동시켰다. 지금까지 무역의 중심지는 십수 세기동안 지중해였지만, 이제 인도양과 대서양으로 옮겨진 것이 분명했다. 이는 또한 향신료 전쟁의 서막이기도 했다.

스페인, 서쪽 항로의 개척

1476년 경 포르투갈 리스본에 정착한 이탈리아 제노바 출신의 콜럼버스는 서쪽으로 항해하여 동양에 이르는 계획을 포르투갈 주앙 2세에게 청원하였다. 콜럼버스는 이미 마르코 폴로의 여행기와 프톨레마이오스의 『지리학』 등을 읽고 서쪽으로 항해하면 황금의 땅이자 향신료의 보고인 동양이 대서양 동부의 이 읽고 서쪽에서 서쪽으로 2,500해리밖에 떨어져 있지 않다고 주장했다. 그의 주장이 포르투갈 과학자와 리스본

상인들을 납득시키지 못하자, 1486년 에스파냐로 이사벨라 여왕에게 청원하게 된다. 결국 이 계획은 여왕의 허가를 받게 되고, 콜럼버스는 1492년 3척의 배로 황금의 땅을 찾기 위해 팔로스항을 출발한다. 6개월의 항해 끝에 바하마 제도의 한 섬을 발견한 콜럼버스는 이것을 산살바도르라고 명명하였으며, 다시 쿠바, 아이티 등을 확인하고 이듬해 3월에 귀항한다. 이후 3차례 더 항해를 했으나 그는 결국 향신료의 땅에 도착하지 못했다. 그는 죽을 때까지 그가 발견한 땅이 인도의 일부라고 생각했지 '새로운 대륙'이라고는 생각지 못했다.

콜럼버스는 몇 차례의 항해를 통해 '우리의 후추보다 더 좋은 향료'라고 일지에 기록한 고추를 유럽에 소개했다. 그리고 그는 원주민들이 환영의 뜻으로 준 초콜릿 음료에 들어있던 바닐라도 유럽에 들여왔다. 그러나 새로운 대륙은 동인도만큼 유럽 상인들의 관심을 오랫동안 끌지 못했다. 하지만 18세기에 들어서 이국적인 향신료가 이전보다 상대적으로 관심을 끌지 못하자, 초콜릿과 더불어 신대륙의 향신료들은 새로운 자극을 원했던 유럽인들에게 인기를 얻게 된다.

향신료 전쟁과 네덜란드의 독점

네덜란드의 7개 신교도 지방 연합은 스페인의 가톨릭 통제에 대항하면서 독립을 선포했다. 그러자 스페인의 펠리페 2세는 네덜란드를 침공하였고 이 전쟁은 실제로는 1648년에야 끝난다. 결국 암스테르담에서 출발하는 모든 선박은 포르투갈과 스페인의 모든 항구에서의 정박이 금지되었다. 오래전부터 암스테르담은 포르투갈과의 협정에 따라 북유럽의 향신료 교역을 통제해왔다. 네덜란드 상인들은 리스본에서 향신료와 다른 귀중품들을 실어 북해와 발틱 연안의 모든 항구에 공급하는 중요한 역할을 담당했다. 이러한 공급 역할을 박탈당한 네덜란드의 주요 아홉 상인들은 즉시 연합해서 직접 향신료를 동방으로부터 가져올 '원국회사'를 설립한다. 1595년 은과 직물을 실은 4척의 상선이 자바섬에 도착하고 몰루카섬까지 진출한다. 이후 이 회사는 2차례에 걸친 원정을 실시했으며 상당한 이윤을 얻게 된다.

마침내 1602년 이와 유사한 회사들이 뭉쳐 '네덜란드 동인도회사'를 설립한다. 거대 상업자본의 막대함 힘을 가진 이 회사는 국가 내의 또 다른 국가로서의 권력을 갖게 되었다. 이들의 인도에서의 성공은 방대한 영토를 더 이상 효율적으로 통제하지 못하고 있는 스페인의 펠리페 2세 왕정의 약화와 맞물리면서 그들 앞에는 더 이상 어떠한 장애도 없었다. 게다가 스페인은 라틴 아메리카 지역에 관심을 집중시키고 있었다. 이처럼 상대적으로 느슨한 지정학적 틈새를 뚫고서 네덜란드는 동인도 지역에서 세력을 확장해 갔다.

반세기 동안 네덜란드는 포르투갈을 밀어내고 향신료의 섬 몰루카 제도를 완전히 자신의 지배하에 두며 자바섬, 말라카, 실론, 인도의 말라바르 지역으로까지 세력을 확장했다. 이 시기 동안 암스테르담의 식민지 제국은 다른 두 경쟁자들과 마주친다. 하나는 1600년 런던에서 설립된 영국의 '동인도회사'와 다른 하나는 1664년에 프랑스의 재상 콜베르의 주도하에 설립된 프랑스의 '동인도회사'이다. 그러나 향신료 무역에 있어서 네덜란드의 우위에 직면한 영국 회사는 중국과의 교역을 통해 차와 아편 무역에 집중하고, 프랑스 회사는 인도와의 면·비단·쌀·커피 무역에 집중한다.

17세기 네덜란드 동인도회사 소속의 선박이 몰루카 제도에서 거두어들인 육두구와 정향을 중간수합지인 인도 서부 해안 말라바르 지역의 콜랑항에 내리고 있다.

1664년 네덜란드가 실론섬을 포르투갈로부터 획득하고 육계 무역까지 장악하면서 17세기 내내 향신료 무역에서 우위를 점유한다. 1619년 자바섬을 중심으로 하는 네덜란드의 동인도회사는 엄청난 번영을 누린다. 후추와 육계 무역의 주요 담당자로서의 네덜란드는 무엇보다 가장 향기가 좋고 가장 비싸며 누구나 탐내는 두 향신료, 육두구와 정향 무역에 집중한다. 이들은 몰루카 제도에서만 재배되었으므로 네덜란드에게는 매우 많은 이익을 보장해주었다. 그러나 3개의 큰 섬과 무수한 작은 섬들로 이루어진 이 군도를 관리하기에 쉽지 않았기 때문에 네덜란드는 정향과 육두구의 생산을 몇 개의 작은 섬으로 집중시킨다. 육두구는 반다섬으로, 정향은 암본섬으로 집중시키고 다른 지역에서 자라는 모든 나무는 베어버린 것이다. 허가받지 않고 나무를 심거나 절도를 하는 경우에는 사형에 처했다. 비협조적인 원주민 부족들을 감금하기 위한 감옥을 십여 곳에 설치했으며, 맹수를 들여와 땅을 지키도록 했다. 외국인들에게 소량의 육두구나 정향을 몰래 팔다가 발각된 사람들은 무참한 고문을 당했다. 일단 재배를 제한하고 공급을 제한하자 두 향신료의 가격은 상승했다. 몇 년 동안 수확이 좋아 많은 양의 육두구와 정향이 쌓이면 이를 태워버리기도 했다.

미스터 푸아브르의 모험, 독점의 붕괴

한 세기 이상 동안 어떠한 세력도 네덜란드의 향신료 독점을 깰 수 없었다. 그러나 '후추'라는 성을 지닌 한 프랑스인이 네덜란드로부터 이 보물들을 훔쳐내어 그 조국에 제공한다. 피에르 푸아브르Pierre Poivre는 신학교를 마치고 식물학을 공부한 뒤 중국 선교활동을 떠났지만 중국에 도착하자마자 광동 감옥에 투옥에 되었다. 그 뒤 동남아시아를 여행하면서 식물 연구를 하고자 프랑스 선박을 탔는데, 오스트리아의 왕위 계승을 둘러싼 영국과 프랑스의 전투에서 오른팔을 잃고 바타비아 감옥에 갇히게 되었다. 감옥에서 나온 그는 9년 동안의 은둔 생활 후 1767년 그 당시 해군장관에 의해 인도양에 있는 마스카렌 제도의 지사로 파견되었다. 그 이전부터 네덜란드가 엄격히 통제하고 있던 정향과 육두구 나무를 구하고자 했던 그는 몰래 묘목을 훔쳐내 아프리카 동해안에 있는 프랑스의 식민지 라 레위니옹 섬과 모리셔스 제도에 옮겨 심는 데 성공한다. 그 뒤 정향나무는 오늘날 정향의 최대 생산지인 잔지바르 섬에 보내지고 다시 마다가스카르와 코모로, 세이셸 등으로 퍼져 나간다. 푸아브르의 이러한 모험으로 네덜란드의 육두구와 정향의 무역 독점은 결국 막을 내리고 만다.

1788년 영국은 말레이 제도의 페낭섬을 점령하고 세기가 끝나기 전에 정향과 육두구 나무를 그곳에 심었다. 1796년까지 영국은 자바를 제외한 동인도의 모든 네덜란드 식민지를 빼앗았고 자바조차도 1811년 스탬포드 래플리스 경이 탈취하였다. 1799년 네덜란드 동인도 회사는 결국 파산하였고 수십 년간의 싸움 끝에 영국과 네덜란드는 1824년 보르네오의 북쪽 절반을 제외한 말레이, 실론 그리고 네덜란드의 동인도를 영국에게 넘겨주는 협정을 맺었다. 18세기 말 미국 또한 향신료 시장에 뛰어들어 동양에 담배와 곡물을 제공하고 향신료와 차와 커피를 사들였다. 이제는 어느 국가도 특정 향신료의 생산을 독점할 수 없게 되었다. 19세기에 향신료의 재배는 다른 지역에도 전해지고 특정 향신료의 재배가 전문화되었다.

향신료의 대중화

궁정에서 부르주아의 식탁으로

 17세기 중엽에 들어서면서 향신료의 공급이 이전보다 상대적으로 풍부해지자 궁정요리에서는 향신료를 거의 사용하지 않았다. 보다 보편화되고 일상화될수록 향신료는 통속화되었다. 향신료가 입맛을 지배하자 다른 맛들을 죽이기 시작했고 결국에는 상스러운 것이 되어 버린 것이었다. 독일의 문화사학자 페르난트 브라우델은 『15~18세기의 사회사』에서 "향신료의 소비는 가격의 하락과 함께 그것이 가진 고귀함이 사라지기 시작한 그 순간에, 그리고 그런 향신료들이 도처에서 식탁에 오르고 더 이상 사치와 부유함의 표시가 되지 않는 그런 순간에 감소한다"고 이러한 현상을 분석하고 있다. 이러한 변화는 20세기에까지 이른다. 2세기 동안 『요리대백과사전 Grand Dictionnaire de la cuisine』를 쓴 알렉상드르 뒤마는 물론, 마리 앙투안 카렘, 브리야 사바랭 등은 향신료에 대해서 거의 언급하고 있지 않다.

그러나 왕이나 귀족의 식탁에서 향신료는 사라졌지만 부르주아의 식탁에서는 향신료의 향이 가득 넘쳤다. 부르주아들은 오히려 귀족들보다도 더 자신들의 부와 사회적 상승을 강조해야만 했다. 이에 따라 향신료상들은 더 큰 시장을 확보하고 부를 거머쥘 수 있었다. 윌리엄 포트넘과 휴 매슨은 1707년 런던에 그들의 이름을 딴 유명한 향신료 가게를 열었으며 오랫동안 도시 엘리트들에게 향신료를 공급해왔다. 암스테르담에 있는 자콥 후이의 가게도 오늘날까지 유명하다.

프랑스에서는 페르디낭 에이다르가 식민지의 이국적인 것들에 대한 취향을 이끌어갈 '향신료와 식민지 물품 판매 조합'을 1850년에 설립한다. 1886년 오귀스트 포숑은 그의 이름을 딴 유명한 식료품 및 향신료 가게를 마들렌 광장에 열었다.

포숑과 함께 유명한 펠릭스 포탱의 1920년대 상점 내부

오늘날의 향신료

19세기 말 런던, 암스테르담, 필라델피아에서 연이어 열린 만국박람회는 새로운 미각의 지평을 열었다. 1900년 파리의 만국박람회에서 방문자들은 두 개의 인도 식당과 중국, 알제리, 아랍 음식을 선보이는 식당들을 이용할 수 있었다. 이러한 만국박람회를 통해 이국적 요리에 대한 대중적인 관심이 고조되었다.

양차 세계대전 사이에는 대규모 산업화된 식품회사들이 설립되는데, 미국의 맥코믹사, 덴마크의 담후버사, 영국의 노엘스사 등은 운반과 판매가 편리한 작은 봉지에 포장한 향신료들을 판매하기 시작하였다. 향신료는 이제 일반인들이 쉽게 접근할 수 있게 된다. 이러한 향신료의 대중화는 향신료 산업의 발전을 가져오며, 더불어 향신료는 일반인의 부엌이나 식탁 위에서 쉽게 발견된다. 이민과 더불어 세계화, 관광의 민주화로 인해 모든 대도시에 향신료 가게와 이국적인 레스토랑 등이 들어섰으며, 서인도 제도나 모로코·인도·중국 등의 요리책이 출간되는 계기가 되었다.

20세기에 들어서 향신료가 넘치면서 향신료의 사용은 보다 절제되고 식재료의 맛을 존중하게 된다. 동시에 국가마다 향신료의 선호가 달라지는데 프랑스는 육두구, 영국은 메이스, 스페인은 사프란을 좋아한다. 1970년대에 들어서 향신료 사용은 더욱더 축소된다. 흥미로운 것은 보다 가볍고 단순한 양념이 들어간 음식을 추구하는 누벨 퀴진nouvelle cuisine이 유럽 사회의 엘리트들을 사로잡기 시작한 것이다. 이제 자국의 땅에서 나는 커민과 회향 그리고 아니스와 같은 향신료와 각종 허브들이 각광을 받게 된다. 더욱 흥미로운 점은 엘리트들은 심지어 예전에는 가난한 사람들의 음식이었던 그런 '새로운' 음식을 찾았다. 예를 들면 콩과 야채, 마늘 수프, 곡물 푸딩, 순대 등이 유명 식당에서 최고급 요리로 등장했다.

20세기 후반 들어 옛 요리에 대한 관심이 증대되고 보다 미묘하고 세심한 맛을 내려는 노력들이 배가되면서 이국적 향신료에 대한 관심이 회복되고 있다. 특히 요리의 거장들이 새로운 자극을 원하는 엘리트 고객들을 사로잡기 위한 갖가지 노력을 기울이는 가운데 이국적인 향신료들을 아주 조심스럽게 사용하고 있다.

아시아의 향신료

후추, 향신료의 왕

 오늘날 세계적으로 가장 많이 쓰이는 향신료 가운데 하나인 후추는 인도에서부터 먼저 사용했다. 영어로 pepper, 프랑스어로 poivre라 불리는 후추의 명칭은 아리안어 pippeli에서 유래한다. 후추는 기원전 6세기경 유럽에 소개되어 곧바로 음식에 사용되었다. 고대 로마에서 후추가 거둔 성공은 대단했다. 거의 모든 음식에 들어갔으며, 그것의 사용량 또한 식재료 자체의 맛을 감출 정도로 지나쳤다. 따라서 플리니우스는 『박물지』에서 "누가 감히 음식에 후추를 넣는가? 절식으로 만족하지 않고 식욕을 돋우려 하는가?"라고 하면서 후추의 과용을 못마땅하게 여겼다. 고대 로마를 침공했던 고트족들 또한 후추의 가치를 알고 이를 공물로 요구하기도 했다.

중세에도 후추의 인기는 대단했다. 육식이 기본이 되는 게르만의 식탁에서 후추는 빠질 수 없었다. 그러나 중세에 후추는 누구나 접근할 수 있는 것이 아니었다. '후추처럼 비싼(cher comme poivre)'이라는 프랑스의 관용적 표현도 이 당시에 생겨났다. 후추는 너무나 비싸 화폐로 종종 사용되었다. 후추는 봉건영주에게 내는 세금이나 벌금, 또는 결혼 지참금으로 쓰였다. 프랑스 남부 지방의 아를르에서는 '배신자 유대인'들이 부활절 직전 일요일인 성지주일 축제 때 자신들의 보호를 요청하기 위해 20파운드의 후추를 지역에 납부하기도 했다. 또한 엑상프로방스의 주교들은 유대인들에게 유대인 학교의 설립과 공동묘지의 건축을 허락하는 대가로 양질의 후추를 요구했다. 이처럼 고대와 마찬가지로 중세에도 후추는 가장 비싼 향신료에 속했다. 아시아에서 생산되는 다른 향신료와 마찬가지로 아랍 상인들의 손을 거쳐 유럽에 들어오는 후추 또한 향신료 무역의 직항로를 개척하게 하는 동기가 되었다.

오늘날에도 비싼 식재료에 대해 그러하듯이, 옛날에도 비싼 후추에 값싼 물질을 섞어 양을 늘리는 것은 흔한 일이었다. 주니퍼 베리나 겨자 등을 섞음질하는 일은 고대 로마에서도 자주 있었으며, 심지어는 후추가 어느 정도 대중화된 18세기에도 으깬 올리브 씨나 호두껍질을 섞는 일은 그치지 않았다. 따라서 이러한 부정행위를 금하는 법령들이 제정되었으며, 18세기 프랑스에서는 초범의 경우 1,000리브르의 벌금형을, 재범의 경우에는 벌금형과 동시에 향신료상의 자격을 박탈했다.

후추는 인도가 원산지인 열대 지방의 덩굴식물로, 먼 옛날부터 인도의 서부 해안 말라바르 지역에서 재배되었다. 오늘날 후추는 많은 열대국가로 확산되어 인도네시아, 말레이 군도, 적도 부근 아프리카, 브라질 등지에서 재배되고 있다. 많은 습기와 높은 온도를 요구하기 때문에 후추 서식지는 강수량이 연간 2,000㎖가 넘는 지역으로 제한된다. 야생 상태에서는 숲속의 나무를 타고 올라 10m 높이까지 자라는데, 수확의 편리를 위해 고안된 격자형 시렁에서는 시렁의 높이 절반 이상 자라지 못한다. 이 덩굴에는 가시모양으로 생긴 작고 흰 꽃이 피며, 송이 형태로 열매가 빽빽하게 열린다. 초록색 열매는 익으면서 짙은 붉은색으로 변한다.

후추에는 검은 후추, 흰 후추, 녹색 후추 등이 있다. 완전히 익기 전의 초록색 열매를 따서 햇볕에 며칠 말리면 껍질에 주름이 생기고 검은색을 띠게 되는데 이것이 검은 후추이다. 흰 후추는 붉게 익은 열매를 따서 소금물에 담가 껍질을 벗긴 후 검은 후추보다 빨리 말린 것으로, 건조를 시킨 뒤에 선별작업을 거친다. 후추는 껍질에 매운맛을 내는 피페린과 같은 성분이 많으며, 대부분의 정유 성분은 열매 자체에 있다. 따라서 흰 후추는 검은 후추에 비해 매운맛은 덜하지만 더 그윽하고 풍부한 향을 낸다. 또한 생산량이 적고 공정과정이 복잡하기 때문에 비싸다. 녹색 후추는 덜 익은 초록색 열매 자체로, 인도나 태국에서는 신선한 송이채로 팔리며 소금물 또는 식초물이 담긴 캔이나 병에 넣어 유통된다. 1960년대 들어 프랑스 요리에 녹색 후추가 도입되면서 이 녹색 후추의 신선하고 강한 맛이 다른 지역에도 널리 알려진다.

향신료 가운데서도 특히 맛이 강한 향신료들이 그러하듯 후추는 소화작용을 하고, 신경계를 자극한다. 살균작용과 살충작용이 있는 후추는 맛을 돋우거나 음식을 보존하는 데 널리 사용되지만 치료용으로도 쓰였다. 후추에 대한 기록을 처음 남긴 히포크라테스는 이를 향신료라기보다는 의약품으로 여겼다. 다른 향신료와 마찬가지로 후추도 예전에는 소화제, 완화제, 최음제 등으로 사용되었다.

세계 도처에 후추라 불리는 다양한 종들이 존재한다. 대표적인 것으로는 열대아시아 지역에서 자생하는 '긴 후추(piper logum)'이다. 이 후추의 열매들은 조밀하게 이삭으로 달려 있는데, 낟알을 털어내지 않고 이삭째 말려 사용한다. 긴 후추는 후추만큼 맵지만 뒷맛이 좀 시큼하면서 단맛도 있어 매우 독특하다. 고대 로마인들이 좋아했던 후추는 긴 후추였으며, 오늘날 우리가 사용하는 둥근 후추는 12세기부터 유행하기 시작해 점차 긴 후추를 대체했다. 그러나 고대에도 두 종류의 후추는 잘 알려져 있었다. 기원전 4세기 테오프라스토스는 유럽 최초의 식물서적인 『식물탐구』에서 후추를 두 가지 형태, 즉 긴 모양과 둥근 모양으로 나누고 있다. 학명이 piper cubeba인 '꼭지 달린 후추'는 검은 후추의 열매와 크기가 같은 열매를 맺는데 아주 짧은 꼭지를 달고 있다.

후추와는 전혀 다른 종에 속하면서도 후추라 불리는 것이 있다. 바로 '붉은 후추'이다. 이것은 1970년대 중반 프랑스 향신료 상인 베르나르 브로케르에 의해 프랑스에 소개되어 요리계에 즉각적인 반향을 불러 일으켰다. 후추와 비슷하게 생긴 붉은색을 띤 이 열매는 오랫동안 독성이 있는 것으로 알려져 사람들은 심지어 만지려고도 하지 않았다. 그러나 실제로는 독성이 없는 것으로 밝혀진 붉은 후추는 후추보다 매운맛이 덜하면서 섬세한 과일맛과 단맛을 지니고 있다. 이 후추는 흔히 생선요리나 지중해식 음식에 많이 쓰인다. 흔히 붉은 후추를 다른 여러 색깔의 후추 알갱이와 함께 투명한 페퍼밀에 담아 테이블 위에 놓아 두어 고객의 눈길을 끌기도 한다.

육두구, 섬세한 향과 미묘한 맛

인도네시아 몰루카 제도의 반다섬이 원산지인 육두구는 말레이 군도와 서인도 제도 등 적도 지방의 다른 지역에서도 재배된다. 암수 그루가 따로 있으며 암그루에는 굵은 살구와 비슷한 누런 열매가 달리며 이 열매가 다 익으면 갈라져 씨를 드러낸다. 이 씨는 단단하고 갈색을 띠고 있으며 붉은색의 두꺼운 껍질로 둘러싸여 있다. 이 그물 모양의 붉은 씨껍질을 하루나 이틀 동안 햇볕에 말리면 화려한 심홍색을 띠는데 이를 메이스라고 하며, 껍질 속의 작은 호두 모양의 씨앗을 육두구라고 한다. 육두구는 그윽한 향과 함께 후추나 계피처럼 매운 맛과 쓴맛이 나는데, 메이스는 육두구에 비해 향이 부드럽고 값도 비싸다.

육두구가 유럽에 알려진 것은 7세기경 아랍인들에 의해서이다. 육두구는 아랍인들에 의해 몰루카 제도에서 말라카로 건너와 여기에서 인도 말라바르 지역으로 운송되었고, 이는 페르시아만에 있는 호르무즈나 아라비아 반도 남단의 아덴항으로 옮겨졌다. 이는 유프라테스강의 협곡을 따라 육로로, 또는 홍해를 통해 해로로 운송되었다. 이어서 대상들에 의해 지중해 동부 지역으로 옮겨지고, 마지막으로 지중해 연안의 항구로 운반됨으로써 유럽에 들어오게 되었다. 운송되는 각 통로마다 관세와 조세가 부과되기 때문에 값은 천정부지로 뛸 수밖에 없었다.

16세기 포르투갈을 거쳐 17세기에는 네덜란드가 육두구 무역을 독점했다. 17세기 말에는 육두구가 유럽에서 크게 유행하였기 때문에 네덜란드는 정향과 더불어 육두구 무역의 독점권을 통해 막대한 부를 축적할 수 있었다. 그들은 육두구의 공급량을 조절함으로써 독점적 이익을 추구하고자 재고량을 서슴지 않고 태워버렸다. 어마어마한 양의 육두구가 불타면서 정유가 바닥에 흘러 넘쳤으나 아무도 가져갈 수는 없었다. 혹 욕심에 불 주위에 굴러다니는 육두구를 몇 개 주운 자는 이내 체포되어 즉석에서 교수형에 처해졌기 때문이다.

육두구는 가루로 만들면 그 향이 금방 사라지기 때문에 17

1930년대 네덜란드 식민지였던 몰루카 제도의 반다섬에서 식민지 감독관의 감시하에 수확한 육두구를 모으고 있는 현지인들.

세기 저녁 만찬에 참여하는 프랑스의 귀부인들은 필요할 때 쓰기 위해 강판과 육두구가 들어 있는 작은 상자를 지니고 다녔다고 한다. 당시 프랑스에서는 육두구에 대한 열기는 대단해서 그것이 거의 모든 음식에 들어갔다. 17세기 말 프랑스의 비평가이자 풍자시인 부알로는 그의 시 「우스꽝스런 식사 *Repas ridicule*」에서 이러한 식습관을 풍자한다. "당신은 육두구를 좋아하시나요? 사람들은 이것을 어디에나 넣고 있잖아요. 아 신사양반들, 이 닭요리는 최상의 맛이군요!"

18세기 육두구는 만병통치약으로 알려지기도 했다. 육두구는 소화를 돕고, 심장과 두뇌와 위를 튼튼하게 하며 장내에 가스가 차지 않게 하는 효과가 있는 것으로 여겨졌다. 심지어 영국에서는 엘리자베스 여왕 시절 런던의 한 외과의사가 육두구를 담은 향주머니가 유일한 페스트 치료법이라고까지 주장하기도 했다. 당시 이러한 약재로서의 육두구의 효능에 대한 과신이 육두구에 대한 열망을 당연히 부추겼다. 육두구는 또한 각성효과가 있는 것으로 알려져 있다. 그러나 너무 많이 복용하면 마약과 같은 효과를 나타낸다. 이탈리아의 살레르노 학파는 "육두구 한 개는 건강에 이롭지만 두 개째는 해가 되며 세 개째는 목숨을 빼앗는다"고 경고했다.

육두구는 감자나 달걀 그리고 치즈를 기본으로 하는 요리와 과자, 푸딩, 파이, 시금치 요리, 양배추 그리고 베샤멜과 같은 흰 소스 등 요리나 제과 모두에 사용된다. 리큐어, 펀치, 데운 포도주 등과 같은 음료수의 향을 돋우기 위해서도 이용되는 육두구는 특히 우유 제품과 잘 어우러지나 다른 향신료와 함께 사용할 때는 그 향을 잃어버리고 만다.

계피, 파라다이스의 향신료

계피는 문헌상으로 가장 오래전 언급된 향신료이다. 기원전 2700년경에 고대 중국의 신농 황제시대의 문헌에 계피가 등장한다. 로마의 네로 황제는 그의 애첩 사비나가 죽었을 때 아라비아에서 들여오던 계피 1년치 분량을 모두 태워 화염 속에 피어오르는 가득한 향기로 그녀의 죽음을 애도했다는 기록도 있다. 당시 계피는 황제와 몇몇 특권층의 전용향신료였다.

고대부터 현재까지 유럽에서 일반적으로 사용되는 계피는 우리나라에서 흔히 사용되는 계피와는 다르다. 우리가 흔히 사용하는 계피(cassia)는 계수나무의 껍질이고, 유럽 특히 프랑스에서 '실론 계피'라 불리는 계피는 육계(cinnamon)로 육계나무의 껍질이다.

오랫동안 유럽에서는 육계의 원산지를 알지 못했다. 기원전 5세기 그리스의 역사가 헤로도토스는 계피를 다음과 같이 구한다고 기록하고 있다.

> 육계는 절벽 위에 둥지를 짓고 사는 커다란 새가 물어온다. 그 절벽은 너무나 험해서 사람이 접근할 수 없는 곳이다. 그래서 꽤 많은 아랍인들은 새들이 다니는 길목에 커다란 고깃덩어리를 놓아 두어 새들이 날아와 그 고기를 물고 둥지로 가져가게 한다. 그러면 둥지가 무게를 견디지 못해 땅에 떨어진다. 그러면 거기에 있는 육계를 가져온다.

이것은 사실에 근거한 이야기는 아니지만, 이 전설에서는 당시 유럽인들이 향신료를 파라다이스의 산물로 보고 있었다는 점이 드러난다. 혹자는 육계가 생강, 후추와 더불어 파라다이스에서 자란 것으로, 이것들이 강물을 타고 흘러내려온 것을 이집트의 어부들이 나일강에서 그물로 건져 올린 것으로 생각하기도 했다.

육계는 정향, 육두구 그리고 후추와 함께 서양에서 가장 귀한 향신료였다. 중세 초기에도 너무나 비싸 일반인들이 접근할 수 없었다. 13세기에 이르러서야 육계는 유럽에 널리 퍼지기 시작했지만 여전히 비쌌다. 잘 알려져 있듯이 13~14세기에 베네치아 상인들은 아랍을 통해 육계 무역을 독점하면서 네로 황제 시대만큼이나 터무니없이 가격을 조작했다.

로마 시대부터 육계는 만병통치약으로 여겨져 몸을 따뜻하게 데워주고 소화를 도우며 시력을 회복시키고 독사에 물렸을 때 해독 효과가 있는 것으로 알려졌다. 특히 육계는 힘을 북돋워주는 강장제로서 전투 나가기 전에 먹으면 하루 종일 강한 체력을 유지할 수 있다고 했다. 16세기 프랑스의 작가 라블레는 『팡타그뤼엘』에서 십자군 병사들이 육계로 향을 돋운 향신료 포도주를 즐겨 마셨다고 묘사하고 있다. 중세에 육계는 고기, 생선, 야채 등 음식의 맛을 내기 위해 많이 쓰였다. 특히 육계는 중세의 전통적인 찜요리와 스튜에는 필수적이었는데, 중세말에는 프랑스 음식의 절반 이상에 이를 넣었다고 한다.

육계나무는 상록활엽 교목으로 10~15m까지 성장하는 열대성 수목이다. 육계나무 농장에서 심은 나무는 경작하기 쉽게 하기 위해 사람의 키를 넘지 않게 개량한 종자이다. 우기에 육계나무에 수액이 오르면 나무껍질이 쉽게 벗겨지는데, 이때 채취한 육계가 가장 향이 풍부하다. 채취한 껍질을 24시간 동안 움막에서 말리고 난 뒤 작은 둥근 막대 위에 얹어 칼로 외피를 긁어낸다. 이를 30㎝ 길이로 잘라 2일 동안 더 건조시키면 두 겹으로 말려들어 막대 모양이 된다. 가장 질 좋은 육계는 실론섬 즉, 스리랑카산인데 표면이 부드럽고 쉽게 부서진다. 반면 계피는 외피와 내피를 함께 말리기 때문에 크고 두꺼우며 거친 표면을 갖는다. 계피와 육계는 상쾌하면서도 달콤한 맛을 가지며 독특한 향기가 특징이다. 육계는 계피에 비해 단맛과 향이 강하며, 계피는 매콤한 맛이 강하다. 육계는 주로 프랑스에서 많이 사용되며 계피는 중국을 비롯한 동아시아 지역과 미국, 독일 등에서 소비된다.

오늘날 육계는 서양에서 주로 제과나 디저트, 커피나 코코아와 같은 뜨거운 음료 등에 많이 사용되며, 인도의 혼합향신료인 마살라 그리고 중국의 혼합향신료인 오향의 재료로도 쓰인다. 한국에서는 수정과, 약과, 단자 등과 같은 한과와 음료를 만드는 데 많이 쓰인다.

정향, 미스터리의 향신료

정향은 기원전 2세기부터 중국에 알려진 것으로 보이는데, 중국 고대 한漢 나라에서는 황제를 직접 돌보는 환관은 황제를 알현하기 전에 당시 계설향鷄舌香이라 불린 정향을 씹어 입 안을 깨끗이 해야 했다. 유럽에 알려진 것은 기원 후 344년이다. 비잔틴 제국의 콘스탄티누스 1세는 황제의 성스러운 권위를 세우기 위한 방법으로 로마 교회에 대해 깊은 존경심을 표시했다. 황제는 교황 실베스테르에게 각종 보석과 함께 150 파운드의 정향을 선물했다. 6세기경 프랑스의 메로빙거 왕조의 무덤 속에서도 2개의 정향이 훌륭한 상자에 넣어진 채 발견되었다. 이처럼 정향은 중세 내내 가장 비싼 향신료 중 하나였다. 중세에는 이 향신료 한 줌이 양 한 마리와 맞먹는 값어치를 지니고 있었다.

정향은 인도네시아의 몰루카 제도가 원산지이다. 그러나 그 원산지는 오랫동안 알려져 있지 않았다. 따라서 정향의 원산지에 대한 유럽인들의 관심은 남달랐다. 물론 그것이 지닌 희소성과 가치 때문이었다. 14세기 이탈리아의 시에나에서는 정향 값이 육두구보다 다섯 배나 비쌌다고 하니, 그것의 경제적 가치에 눈독을 들이는 것은 당연했다. 13세기 마르코 폴로도 중국인들에게 정향의 생산지를 물어보았다고 한다. 그의 기록에 따르면, 정향은 티베트 남부에 있는 긴도우스라는 나라와 부유한 섬으로 알려진 자바와 수마트라 해안에서 떨어져 있는 가베니스폴라라는 섬에서 생산된다고 한다. 그러나 그의 기록 역시 정확하지 못했다. 이처럼 정향은 오랫동안 미스터리의 향신료였으며, 그 원산지를 찾으려는 유럽인의 욕심은 커져 갈 수밖에 없었다.

이는 바스코 다 가마의 후계자 알부케르케(1453~1515)이다. 그는 마침내 정향이 향신료의 제도라 불리는 몰루카 제도에서 생산되는 것임을 확인했다. 그 열매는 우연히 발견되었다. 알부케르케의 배들 중 한 척이 난파되었고, 몰루카 제도의 암본섬으로 정향을 구하러 가던 말레이 원주민의 돛단배가 난파선 선장을 구해줌으로써 신비에 쌓여 있던 정향의 섬에 도착하게 된다.

정향나무는 윤기 나는 초록색의 늘 푸른 잎을 지닌 도금양과의 상록교목이다. 정향나무는 높이가 10여 m에 이르는데, 고온다습한 열대 지방에서만 자란다. 오늘날 정향나무는 세계 최대의 정향생산지인 탄자니아의 잔지바르섬을 포함한 아프리카 동부 열대 지역, 서인도 제도, 인도, 중국, 동남아시아에서 재배되고 있다. 정향나무의 노란 꽃이 피기 전 장밋빛의 봉오리 상태에서 따버리기 때문에 보기 쉽지 않다. 이 꽃봉오리를 말리면 진한 갈색이 되는데 이것이 정향이다. 이는 못 모양을 하고 있어 영어로는 클로브clove, 프랑스어로는 클루clou라고 불리며 정향丁香이란 이름도 그 생김새에서 비롯된다. 정향나무는 약 20년간 풍성한 수확을 보장한다. 그 나무로부터 매년 평균 2kg의 말린 정향이 수확된다. 수확과 이에 따르는 모든 작업이 일일이 수작업에 의해 이루어지므로 시간이 많이 걸리고 품이 많이 들어 가격이 비쌀 수밖에 없다.

정향의 짙고 달콤한 향은 15~20%의 정유를 함유하고 있기 때문인데 맛은 쓰고 톡 쏜다. 이 정유는 유게놀을 주성분으로 가지고 있다. 치과에서 나는 톡 쏘는 냄새는 바로 이 유게놀때문이다. 치과에서는 충치 치료 후 충치를 보호하고 치통을 가라앉히기 위해 임시로 유게놀과 산화아연으로 만든 하얀 고무를 사용한다. 실제로 정향은 향신료들 중에서도 가장 탁월한 살균력과 방부효과를 갖고 있어 구충제, 치약, 치과용 항균제 등에 다양하게 사용된다.

향이 강한 정향은 양파에 두세 개를 꽂아 육류 요리에 사용하면 누린내를 제거하는 데 탁월한 효과를 갖는다. 인도의 마살라, 중국의 오향, 프랑스의 카트르 에피스, 모로코의 라스 엘 하누트와 같은 혼합향신료의 재료이며 영국의 우스터 소스의 필수불가결한 요소이다. 유럽에서는 향신료빵이나 이국적인 맛의 디저트를 만들 때도 정향을 사용한다.

생강, 뿔 모양의 뿌리줄기

생강은 아시아 지역에서 아주 오래전부터 쓰였으며, 유럽에는 고대 그리스 시대에 알려졌다. 그리스어 'zingiberis'와 라틴어의 'zingiber'는 '뿔이 난 모양'이라는 뜻의 산스크리트어 'singabera'에서 유래했다. 그러나 생강은 그리 많이 사용되지 않다가, 십자군 전쟁 이후 유럽에서 본격적으로 사용되기 시작했다. 생강은 마침내 후추를 대신하면서 상당한 성공을 거두는데, 이는 후추보다 값이 훨씬 쌌기 때문이다. 특히 생강과 계피를 함께 쓰는 것이 중세 프랑스 요리의 특징이었다.

또한 중세 유럽인들은 생강은 최음효과가 있다고 믿었다. 12세기 유명했던 살레르노 의학파는 생강의 효능을 4행시로 찬양했다. "위장과 신장과 폐의 냉기에, 열기가 있는 생강은 아주 효과가 있네. 갈증을 해소하고, 원기를 북돋우며, 두뇌를 자극하는 생강은, 노인에게 다시 젊은 시절의 사랑을 불러일으킨다네." 아프리카에 생강을 전해준 포르투갈인들은 농장 일을 하는 노예의 출산율을 높이기 위해 생강을 썼다고도 한다.

생강은 여러해살이풀로 인도와 아시아 열대 지역이 원산지이다. 굵은 손가락 모양으로 속이 매우 단단한 뿌리줄기가 우리가 향신료로 사용하는 생강이다. 생강을 신선한 뿌리로 또는 말리거나 갈거나 해서 쓰기도 하며, 시럽이나 식초에 담근 생강 또는 설탕절임으로 만들어 사용하기도 한다.

생강은 후추를 대신해서 소금에 절인 육류의 역한 냄새나 생선 비린내를 없애주는 데 효과적이어서 세계 여러 요리에 널리 쓰인다. 인도에서는 카레의 기본 향신료로 쓰이고 중국에서는 육류 요리에 많이 사용하며 일본에서는 식초에 절인 생강을 즐긴다. 중국과 아랍 지역에서는 설탕에 절여 말린 생강들을 매우 좋아한다. 프랑스에서는 르네상스 이후 생강의 인기가 시들해졌으나, 영국, 독일, 스칸디나비아 국가들은 아직도 생강을 좋아한다. 영국에서 일종의 청량음료인 진저에일과 발효주인 진저비어가 있다. 일반적으로 유럽에서는 생강빵이나 생강 케이크, 생강맛을 첨가한 과일잼 등와 같이 제과나 디저트에 사용한다. 우리나라에서는 고추, 마늘과 함께 김치를 담글 때 양념으로 사용되며, 생강차나 식혜와 같은 음료, 그리고 한과를 만들 때에도 쓰인다.

카르다몸

생강과에 속하는 다른 식물과 달리 카르다몸은 뿌리줄기가 아니라 씨를 향신료로 이용한다. 여러해살이 풀인 카르다몸은 인도가 원산지이며 말라바르, 스리랑카, 캄보디아, 과테말라 등지에서 재배되고 있다. 카르다몸은 사프란이나 바닐라 못지 않게 값비싼 향신료이다. 이 식물은 3m 높이까지 자라는데 노란색과 푸른색의 꽃을 피우며 작고 검은 씨앗이 가득 들어 있는 둥근 캡슐형태의 깍지열매가 맺히고, 열매가 익기 전에 수확해서 말린다. 카르다몸은 독특하고 강한 향기와 약간의 쓴맛과 자극적인 매운맛이 특징이다. 카르다몸은 향을 쉽게 잃어버리기 때문에 사용하기 직전에 열매를 깨뜨려 씨앗을 사용해야 하며 밀폐된 용기에 넣어 어두운 곳에 두는 것이 좋다.

카르다몸은 크게 초록색 카르다몸과 갈색 카르다몸, 흰색 카르다몸 등 세 가지로 나뉜다. 초록색 카르다몸은 햇볕에 말린 것으로 인도에서 가장 많이 사용되며, 갈색 카르다몸은 건조실에서 말린 것으로 다른 카르다몸과 달리 강한 스모크향이 난다. 흰색 카르다몸은 황을 쐬어 탈색시킨 것으로 미국 등지에서 주로 사용한다.

카르다몸은 고대 그리스와 로마 시대부터 요리와 치료제로 이용되었다. 특히 알렉산드로스 대왕의 인도 원정 이후 유럽에 널리 알려졌다. 당시에는 또한 독특한 향을 가진 카르다몸을 태워 신을 달래기도 하고 왁스와 섞어 고체향수를 만들어 몸에 지니고 다녔다. 아랍인들은 카르다몸으로 향을 낸 커피를 즐겨 마신다. 카르다몸은 카레 가루와 가람 마살라의 주재료일 뿐만 아니라 인도, 파키스탄, 뱅골만 등지에서 육류·생선·쌀·디저트 등의 요리에서 많이 쓰인다. 스칸디나비아 국가에서는 '크리스마스의 향기'라고 부르는 카르다몸을 데운 포도주·쨈·파이·소시지·간 고기 등에 사용한다. 카르다몸은 나라마다 알려진 약 효능이 다른데, 인도에서는 비뇨기계통에 효과가 있고 아랍에서는 소화촉진, 식욕증진, 성욕 등을 높이는 데 사용한다. 유럽에서도 차에 넣어 마시면 소화와 식욕증진에 효과가 있는 것으로 알려져 있다.

강황, 인도의 사프란

생강과에 속하는 여러해살이풀인 강황은 뿌리줄기를 향신료로 사용한다. 흔히 영어로 turmeric이라고 불리며 심황 또는 울금이라고도 하는 강황은 인도네시아가 원산지로 오늘날에는 인도, 인도네시아, 타이완, 중국, 자메이카, 페루 등지에서 재배되고 있다. 품종에 따라 약간씩 차이는 있으나 강황의 껍질은 연한 갈색을 띠며 속은 주홍색으로 생강을 연상시키나 매운맛은 약하고 쓴맛이 나며 후추에 가까운 향을 갖는다. 꽃이 핀 후 캐낸 뿌리줄기를 삶아서 껍질을 벗긴 후에 말려서 가루로 만들어 주로 사용한다. '인도의 사프란'이라 불리기도 하는 강황은 음식을 사프란처럼 노랗게 물들인다. 따라서 동남아시아에서는 양이 많은 음식의 색깔과 향을 낼 때 사용한다. 특히 수프와 소스, 쌀, 달걀, 갑각류 요리 등에서 많이 쓴다. 인도에서 강황은 카레와 가람 마살라의 중요한 요소로 이들이 노란색을 띠게 한다. 또한 영국 우스터 소스의 재료이기도 하다. 강황을 오래 끓이면 쓴맛이 나고 색깔이 변하기 때문에 조리할 때는 마지막에 넣어 주어야 한다.

인도와 동남아시아에서는 밝은 노란색을 신비로운 색깔로 여기기 때문에 강황은 대부분의 제의에 사용되었다. 이는 승

려의 옷을 물들이는 데에도 사용된다. 강황은 치료효과도 있어 주로 간장염, 담도염, 담석증, 황달 등에 이담약으로 쓰인다. 강황은 직접 쓰기보다는 주로 가루로 사용한다. 강황가루는 오래 보관하면 향이 쉽게 사라지고 색깔도 변하니 소량씩 구입해 밀폐용기에 담아 빛이 들지 않는 곳에 보관한다.

코리앤더

고수는 미나리과에 속하는 한해살이 또는 두해살이 식물로 원산지는 중동 지역이라고 추정되며 3,000년 전부터 지중해 연안, 중국, 인도 등에서 재배되었다. 고수 잎은 이탈리안 파슬리와 비슷하게 생겨서 '아랍 파슬리' 또는 '중국 파슬리'라고 불리며 베트남 쌀국수에서도 찾아볼 수 있듯이 동남아 음식은 물론 아랍과 중국 음식에 많이 쓰이는 허브이다. 고수 잎은 빈대 냄새를 상기시키는 강렬한 냄새를 풍기기 때문에 그리스어로 빈대를 뜻하는 koris라는 말에서 coriander라는 명칭이 비롯되었다. 향신료로 쓰이는 옅은 갈색의 둥근 씨앗은 사향냄새와 레몬향이 난다.

오래전부터 약용이나 식용으로 사용되었던 고수는 산스크리트어 문헌, 이집트의 문헌들 그리고 구약성서의 출애굽기, 천일야화 등에서도 등장한다. 또한 기원전 10세기의 피라미드에서도 고수 씨앗이 발견되었다. 로마인들은 고수 씨앗을 커민과 식초와 섞어 고기를 보존하고 빵에 향을 첨가하는 데 사용했다. 8세기경에는 고수 씨앗에 설탕을 입혀 껌처럼 씹어 먹기도 했다. 그러나 중세 유럽에서는 고수 잎의 빈대 냄새 때문에 독성이 있다는 의심을 사기도 했다. 중국에서는 만병통치약으로 또는 불로장생약으로 간주되었다. 아메리카 대륙에는 식민지 지배자들과 함께 건너간다.

고수 씨앗은 생선, 해산물, 쌀, 돼지고기 제품, 오믈렛, 처트니, 과자, 케이크, 향신료빵 등에 아주 다양하게 쓰인다. 지중해 연안 국가들에서도 요리나 제과 등에 두루 쓰이는 반면 프랑스에서는 몇몇의 리큐어 제조 외에 거의 쓰이지 않는다. 독일에서는 양배추 요리의 양념으로 그리고 사냥고기를 재우는 데 사용된다. 고수 씨앗은 인도 요리에 쓰이는 중요한 혼합향신료인 카레와 가람 마살라의 내용물 중 하나이다.

마늘

단군신화에서도 곰이 삼칠일동안 마늘과 쑥만 먹고 웅녀가 되었듯이 마늘은 한국에서는 없어서는 안 될 중요 향신료로 거의 모든 음식에 양념으로 쓰이고 있다. 마늘은 유럽에서도 프랑스 남부 지방과 이탈리아, 스페인 등과 같이 지중해 지역에서 많이 사용되며, 인도, 중국, 동남아시아, 중남미 등지에서 많이 사용한다.

마늘은 강한 맛과 향을 지니고 있어 고대부터 향신료나 치료제로 사용되었다. 상형문자로 쓰려진 피라미드의 기록에 따르면 고대 이집트에서는 피라미드를 건설하는 노동자들에게 힘과 원기를 북돋우기 위해 날마다 마늘을 공급했다고 한다. 고대 그리스에서도 검투사들의 힘을 증대시키고 잠잘 때 괴롭히는 귀신을 쫓는 데 마늘을 이용했다. 구약시대의 히브리족도 마늘을 원기회복제와 최음제로 높이 평가했다.

반면 고대 로마에서는 마늘 먹는 사람들의 신전출입을 금지시켰다. 이러한 조치는 상류층과 일반 민중을 격리시키기 위한 수단이었는데, 마늘은 일반 민중의 음식이었고 그 냄새가 농민과 일반 병사를 특징짓기 때문이다. 중세 유럽에서는 페스트나 콜레라 같은 전염병의 치료제로 쓰였다. 16세기 엑상프로방스 지역의 의사였던 노스트라다무스도 페스트가 돌 때 마늘 복용을 권장했고, 마늘을 목걸이로 만들어 걸면 페스트와 흡혈귀로부터 보호받을 수 있다고 믿었다.

원산지가 중앙아시아인 마늘은 백합과에 속하는 여러해살이풀로 뿌리 쪽의 비늘줄기 안쪽에는 여러 쪽의 또 다른 비늘줄기가 들어 있다. 비늘줄기를 둘러싸고 있는 얇은 껍질은 흰색, 보라색, 엷은 붉은색 등을 띠며 마지막 것이 보다 섬세한 맛을 갖고 있다.

마늘의 독특한 냄새는 마늘에 들어 있는 알린이라는 단백질 때문이다. 마늘을 씹거나 다지면 효소분해로 인해 알린이 알리신이나 디알리디설파이드 등으로 변해 강한 냄새를 내게 된다. 알리신은 강력한 살균효과가 강력해 실제로 결핵균, 콜레라균, 이질균 등에 대한 살균력이 뛰어나다. 알리신은 고기

비린내를 없애고 고기의 맛을 돋우며 소화를 돕는다. 또한 마늘은 비타민 C나 지방의 산화를 막아 혈액순환을 촉진시키며 노화방지에도 효과가 있는 것으로 알려져 있다.

팔각

팔각은 중국 남부 지역이 원산지인 목련과의 상록수 열매이다. 8m까지 자라는 이 나무의 잎은 월계수 잎과 흡사하며 풀색을 띤 노란꽃에 맺힌 열매가 8개 각의 별 모양을 하고 있어 팔각이라는 이름이 붙었다. 각각의 방사상 꼭지에는 갈색의 반짝이는 씨앗이 하나씩 들어 있다. 팔각은 아니스와 마찬가지로 아네톨 성분이 지배적인 정유를 갖고 있어 비슷한 향을 내기 때문에 서양에서는 '별 모양의 아니스'라고 부르기도 한다. 팔각은 아니스보다 더 강한 향을 낸다.

중국에서는 수천 년 전부터 사용해왔으며 유럽에는 영국인에 의해 16세기말에 소개된다. 중국 송나라에서는 팔각을 세금으로 내기도 했다. 팔각의 학명 illicium은 '미끼'를 의미하는데 16세기 유럽에서는 쥐덫의 미끼로도 쓰였다고 한다. 중국이나 우리나라에서는 찬 기운으로 배가 아프고 소화가 되지 않을 때, 즉 토사곽란에 치료제로 쓴다. 팔각의 강한 향은 육류의 누린내를 없애는 데 효과적이어서 돼지고기·오리고기·닭고기 요리 등에 많이 쓰인다. 고기 육수나 생선 육수를 낼 때 팔각을 통째로 넣어 끓이면 나쁜 냄새를 없애주는 동시에 독특한 향을 낸다.

팔각은 또한 중국의 대표적인 혼합향신료인 오향의 재료이다. 커피나 차 그리고 칵테일과 같은 음료에 넣으면 독특한 향을 낸다. 요즈음 유럽에서는 이국적인 디저트를 만들기 위해 팔각의 독특한 향을 이용한다. 향이 아주 강하므로 조리할 때 소량씩 넣어야 한다.

초피 또는 산초

우리가 흔히 말하는 산초는 산초나무의 열매가 아니라 초피나무의 열매이다. 거의 대부분의 문헌에서 산초를 산초나무의 열매라고 하고 초피나무와 산초나무를 같은 종으로 취급하고 있다. 이러한 오류는 분디나무라고도 불리는 산초나무가 초피나무와 닮았기 때문이며 일본인들이 초피나무를 산초나무로 부르기 시작하면서 이제는 초피를 산초라 부르는 것이 국제 통용어가 되어 버렸기 때문이다. 산초나무와 초피나무는 식물학적으로는 엄격히 구분된 서로 다른 종이다. 산초나무의 학명은 zanthoxylum schinifolium이고 초피나무의 학명은 zanthoxylum piperitum이다. 따라서 초피나무 열매를 산초라 부르는 것은 잘못이다.

산초나무와 초피나무가 아주 비슷해서 알아보기 어렵기는 하지만 쉽게 구별하는 방법이 있다. 잎이 나 있을 때는 그 잎을 따서 입에 넣어보면 된다. 산초는 산초만 가지고 있는 독특한 냄새가 날 뿐이지만, 초피는 맵고 톡 쏘는 맛이 난다. 그리고 열매가 맺었을 때는 그 열매를 맛보아도 그렇다. 만약 겨울이나 이른 봄이 되어 잎도 열매도 없을 때는 가지에 돋아나 있는 작은 가시를 살펴보면 되는데 산초나무는 가시가 하나씩 어긋나 있지만 초피나무는 두 개씩 마주 나 있다. 꽃 피는 시기도 다른데 초피는 봄에 꽃이 피는 데 비하여 산초는 6월부터 9월 초까지 개체별로 꽃이 피는 시기가 다르다. 산초나무는 함경도를 제외한 한반도 전역의 그리 높지도 깊지도 않은 곳에서 자라며, 초피나무는 남쪽 지방에 주로 많이 분포하고 중부 내륙 지방에서는 볼 수 없으나 해안을 따라서는 중부 지방까지 올라온다. 향신료로 쓰이는 것은 초피나무이고 기름을 짜서 먹는 것은 산초나무이다.

한국, 일본, 중국 등지에 분포하고 있는 초피나무의 열매는 다 익으면 껍질이 갈라진다. 이 열매는 톡 쏘고 매우면서도 상쾌하고 시원한 맛이 특징으로 매운맛은 열매의 껍질에서 나온다. 중국에서는 맵고 향이 강한 사천요리에 많이 쓰여서 서양에서는 초피가 '쓰촨 후추' 또는 '중국후추'로 알려져 있다. 이는 또한 오향의 재료이다. 최근 고급 프랑스 요리에서도 이국적인 풍미를 내기 위해 초피를 향신료로 쓰고 있다.

우리나라에서는 추어탕을 끓이는 데 초피가루가 필수적으로 들어간다. 그리고 고추가 들어오기 전에는 맵고 자극적인 맛을 내기 위해 많이 사용했으며 아직도 전남 구례에는 산초김치가 남아 있다.

유럽의 향신료

사프란, 지혜의 향신료

그리스 신화에서 최초로 불을 밝혔던 헤르메스가 사프란을 처음 만들었다고 한다. 헤르메스는 친구 크로코스에게 실수로 치명적인 상처를 입혔는데, 크로코스의 머리에서 흘러내린 피가 바닥에 뿌려졌다. 헤르메스는 그 피를 진귀한 암술을 가진 작은 꽃으로 변화시켰는데 그것을 사프란이라고 한다. 사프란은 아주 오래전부터 알려져 있던 향신료로 기원전 18~19세기 고대 이집트의 파피루스와 구약성서 그리고 호메로스의 『일리아드』에서도 언급되고 있다.

사프란은 소아시아가 원산지인 붓꽃과의 구근식물로 가을

에 구근을 나누어서 키운다. 10~11월에 연보랏빛 사프란 꽃에는 진홍색의 암술이 세 개 달리는데 이를 일일이 손으로 채취해 말리면 붉은색의 사프란을 얻는다. 이를 물에 풀면 미묘한 노란색으로 물을 물들인다. 1kg의 사프란을 얻기 위해서는 15만 송이의 꽃이 필요한데, 전 세계 생산량은 100여 톤에 불과하여 사프란은 문 11대로 금값이다. 사프란에는 적은 ~1식물성 정유가 함유되어 있어 그 독특한 향기와 맛을 낸다.

아랍어 zahafaran에서 유래한 사프란이라는 이름은 '노란색'을 뜻하는데, 이 황금빛은 지혜와 계시를 의미하기 때문에 의식용으로 사용된다. 예전에는 불교 수도승의 옷을 염색하는 데도 쓰였고 결혼한 인도 여성의 가슴과 팔에 표식으로 사용했다.

이집트에서 사프란은 다른 향신료와 식용 금이라고 알려진 꿀을 섞어서 만드는 쿠피라는 의약품의 주원료였다. 사프란 재배를 많이 했던 메소포타미아 지방에서는 이를 염료, 최음제 또는 양념으로 사용했다. 고대 로마인들이 사프란을 좋아했던 것은 최음효과 때문이었다. 상류층에서는 신혼부부의 침실이나 축제 때 귀한 손님이 앉을 의자에 사프란을 뿌렸다.

유럽에서의 사프란 재배는 8세기와 10세기 사이에 무어인들이 스페인을 점령하면서부터 시작되었다. 그 이후 스페인은 사프란 생산의 중심지가 되었고, 오늘날에도 전 세계 소비량의 거의 대부분을 생산하고 있다. 중세에 사프란은 고급요리에 대부분 들어갈 정도로 널리 사용되었다. 16세기에 이르러서는 중산층의 가정에서도 사프란을 볼 수 있었으며, 18세기 말에는 비록 사치품이지만 일반 서민들도 사용할 수 있는 향신료가 되었다. 역설적으로 상류층에서는 사프란 사용이 줄어든다.

오늘날 사프란은 스페인의 해산물을 넣은 노란색의 쌀밥인 파에야, 프랑스의 프로방스식 생선수프인 부이야베스, 이탈리아의 밀라노 리조토, 이란과 인도의 요구르트 소스, 중동 지역의 달걀 요리 등 여러 요리에 쓰인다.

겨자, 작은 씨의 유혹

원산지가 중앙아시아로 추정되는 겨자는 여러해살이풀로 전 세계 온대 지방에서 재배되고 있다. 보통 1m 정도 자라 작은 노란 꽃을 피우는 겨자는 꼬투리 열매를 맺는데 이 속에 들어 있는 작은 겨자씨가 향신료로 사용된다. 겨자씨는 몹시 작아서 흔히 작은 것에 비유되어 자주 인용된다. 사람들은 본래 곡물 사이에서 자라는 잡초에 불과했던 겨자를 오랫동안 개량함으로써 재배에 성공한다. 겨자는 크게 흑겨자, 백겨자, 갈색 겨자로 나뉜다. 흑겨자는 겨자 씨앗 중 가장 작으며 가장 매운맛을 낸다. 백겨자는 매운맛이 약하며 단맛이 강하다. 갈색겨자는 황갈색을 띠는데 백겨자보다 맵고 약간 쓴맛이 난다. 겨자씨는 그 자체로는 매운맛을 느낄 수 없으나 이를 갈아서 미지근한 물에 넣고 개면 미로시나아제라는 효소가 작용해서 휘발성의 겨자유가 유리되어 겨자 특유의 향과 매운맛을 낸다. 중앙아시아에서는 겨자유를 요리에서나 화장품과 약품으로 다양하게 사용한다.

영어로 mustard라 불리는 겨자의 이름은 라틴어 'mustum ardens(불타는 듯한 포도즙)'에서 비롯되었다. 고대 로마에서는 포도즙과 으깬 겨자씨를 섞어 맵고 톡 쏘는 겨자를 만들었다. 겨자는 기원전 1550년경 이집트 문헌에서 마늘, 양파와 함께 의약품으로 소개되어 있고 중국의 『예기』에서도 '개장介醬'이라는 명칭으로 등장한다. 우리나라에서는 삼국시대에 유입되어 고추가 들어오기 전까지는 겨자가 많이 사용되었다. 중세 서양에서 값이 비싼 후추는 귀족들의 식탁에서만 쓰였고, 이를 대신해 겨자는 가난한 백성들이 소금에 절인 고기를 먹을 때 사용되었다. 14세기경부터 프랑스의 디종 지역에서는 겨자업자와 식초업자들의 공동작업으로 유명한 '디종 겨자(moutarde de Dijon)'를 생산하기 시작했다. 한 세기가 지난 후 등장한, 보다 품질이 향상된 고급겨자는 궁전의 식탁에까지 오르게 된다. 19세기 중엽 산업혁명과 더불어 증기기관의 등장은 대량의 겨자를 가루로 빻을 수 있게 되었으며 이후 겨자는 저렴한 가격에 공급될 수 있었다.

오늘날 흔히 사용하는 겨자는 선명한 노란색을 띠는데 이는 강황으로 색깔을 강화했기 때문이다. 일반적으로 많이 사용하는 아메리카식 겨자는 맛이 연한 백겨자로 만들며, 디종 겨자는 갈색 또는 흑겨자로 만들어 맛이 강하다. 겨자는 스테이크와 같은 고기요리에 주로 곁들여 먹으며 샐러드 드레싱을 만들 때도 쓰인다.

프랑스에서는 1937년부터 겨자 명칭의 사용을 통제하는 법령이 제정되어 품질을 관리하고 있다. 디종겨자는 갈색 또는 흑겨자의 고운 분말가루가 설탕과 소금을 포함해서 총량의 28%이상을 차지해야 한다고 규정하고 있다. '옛날식의 겨자(moutarde à l'ancienne)'는 여러 종류의 굵게 갈은 겨자를 적어도 18% 이상 함유해야 하며 어떠한 착색제도 사용해서는 안 되고 액체는 반드시 양조 식초, 청포도즙 또는 포도즙, 포도주를 사용해야 한다고 규정하고 있다.

아니스

미나리과에 속하는 한해살이 향신풀인 아니스는 중동 지역이 원산지이며 지중해 연안에 광범위하게 퍼져 있다. 특히 아니스는 유럽, 북부 아프리카와 터키에서 많이 쓰인다. 남부 프랑스에서 집중적으로 재배하고 있으며, 이탈리아, 스페인, 러시아, 불가리아, 멕시코, 이집트 등에서도 재배한다. 50~75㎝에 이르는 아니스는 다발로 흰 꽃을 피우고 씨앗을 맺는다. 아니스 씨앗은 길이가 0.5㎝ 정도로 가느다란 꼬리가 붙어 있는 타원형의 녹회색으로 말리면 연한 갈색을 띠게 된다. 회향과 비슷한 레몬향을 풍기며 시고 단맛이 난다.

아니스 씨앗은 구약에서도 인용되듯이 가장 오래전부터 소비된 향신료이다. 고대 로마인들은 소화를 촉진시키기 위해 디저트에 뿌려 먹었으며 포도주에 향을 첨가하기 위해 사용했다. 중세에는 최음제와 각성제로 쓰였으며 향신빵에도 사용했다. 1305년 영국에서는 런던교를 놓기 위해 이 향신료에 세금을 부과하기도 했다. 오늘날 아니스 씨앗은 생선이나 해산물 요리, 그리고 과자나 향신빵, 잼 등에 많이 사용된다. 특히 아니스향을 낸 리큐어들이 유명하다. 프랑스의 파스티스, 이탈리아의 삼부카, 그리스의 우조, 이집트의 아락, 터키의 라키 등이 대표적이다. 아니스 씨앗은 아랍과 인도 요리에서 특히 많이 사용된다. 이 씨앗은 인도의 혼합향신료 카레와 가람 마살라에 들어 있다.

주니퍼 베리

지중해 연안이 원산지인 노간주나무(juniper)는 암수그루가 따로 있으며 소나무처럼 잎이 뾰족하고 짙은 녹색인 상록침엽수이다. 나무의 크기는 키가 12m에 이르는 것부터 키가 작고 빽빽하게 자라는 관목에 이르기까지 매우 다양하다. 이는 북아메리카, 아시아, 유럽 등지의 모래와 자갈이 많은 건조한 땅에서 야생상태로 자란다. 녹갈색의 꽃은 작은 녹색 열매를 맺는데 익으면 검은 자주색으로 변한다. 이를 말린 것이 흔히 주니퍼 베리juniper berry라 부르는 노간주나무 열매이다. 이 열매는 진한 송진 냄새가 나며 달고 신맛이 난다.

1819년 마르세유에 페스트가 유행할 때 주니퍼 베리 등의 향신료를 태우고 있는 두건 쓴 의사

고대부터 노간주나무 열매는 약재로서 널리 알려졌다. 기원전 2800년에 이미 이집트인들은 이것을 위장약과 장염 치료제로 사용했으며 고대 그리스 의사인 히포크라테스는 페스트 예방약으로 이것을 사용할 것을 권고했다. 우리나라에서도 두송실杜松實과 두송유杜松油라 부르는 노간주나무 열매와 열매 기름은 이뇨제와 류머티즘 치료제로 쓰인다. 또한 유럽에서는 노간주나무를 수호나무로 간주하는데 이는 성모 마리아가 로마 병사들의 수색을 피하기 위해 예수를 노간주나무 속에 숨겼다는 데에서 비롯된다. 오늘날 프랑스 일부 지역에는 새해 첫날 노간주나무를 태우거나 집에 걸어두면 행운을 가져온다고 믿는 풍습이 남아 있다. 중세에는 문에 걸어두면 악귀로부터 보호받을 수 있다고 믿었다.

노간주나무 열매는 통째로 또는 굵게 부수어 사용하는데 북유럽 지역에서는 대중적인 향신료이다. 사냥고기·돼지·닭·토끼 등의 요리를 비롯해서 양배추를 기본으로 하는 요리, 예를 들어 독일의 절인 양배추인 사우어크라우트나 간고기 등으로 속을 채운 양배추찜 등과 같은 요리에 많이 사용한다. 또 구운 사과와도 아주 잘 어울린다. 그리고 노간주나무 열매는 진에서는 없어서는 안 될 요소이다. 마티니와 몇몇의 독일 맥주나 스칸디나비아 맥주를 만들 때도 이것을 넣어 향을 북돋운다.

캐러웨이

유럽과 서아시아가 원산지인 캐러웨이는 미나라과에 속하는 두해살이풀이다. 이는 30~60cm까지 자라며 회향풀과 너무 유사해서 흔히 혼동된다. 가지 끝에 작은 장밋빛을 띠는 흰 꽃이 다발로 피며 이곳에 5~6mm 길이의 황갈색 씨앗이 열린다. 이 씨앗은 모양과 향에 있어서 커민과 유사해 자주 혼동을 일으킨다. 양자 모두 톡 쏘는 매운맛을 지녀서 캐러웨이는 커민에 비해 덜 맵고 레몬과 아니스향을 낸다.

선사 시대의 화석은 기원전 3000년 전에도 캐러웨이가 있었다는 것을 알려준다. 이는 캐러웨이가 유럽에서 사용된 가장 오래된 향신료라는 사실을 보여준다. 고대 된 가에서는 캐러웨이를 항아리에 담아 무덤에 넣어둠으로써 나쁜 기운을 물리칠 수 있다고 믿었다. 가에서는 캐의 한 의사아 찮녀들에게 고운 피부를 갖기 위해서는 이를 피부에 바를 물리칠 수 있다고중세 유럽에서는 멀리 원정 나가는 남편에게 캐러웨이 주머니를 지니게 하면 사랑이 식지 않는다고 믿고 있었다.

캐러웨이는 아랍 국가들과 인도, 독일, 덴마크, 러시아 등에서 자주 사용된다. 인도에서는 카레와 쌀 요리 등에, 동유럽과 독일에서는 돼지고기 요리·스튜·사우어크라우트·감자샐러드 등에 쓰인다. 특히 천천히 오랫동안 끓이는 요리에서 캐러웨이 향이 잘 살아난다. 빵에 넣거나 구다나 뮌스터와 치즈의 향을 내는 데, 그리고 큄멜이나 쉬납스와 같은 리큐어에 향을 첨가하기 위해 사용되며 과자나 케이크 그리고 사과쨈을 만들 때도 쓰인다. 캐러웨이의 향과 맛을 살리려면 사용하기 전 으깨서 살짝 볶아낸 후 쓰는 것이 좋다. 보다 미묘한 향을 내려면 으깨기 전 기름에 빨리 볶아주면 된다.

케이퍼

지중해 연안이 원산지인 케이퍼는 가시가 있는 덩굴 관목의 꽃봉오리이다. 케이퍼나무의 꽃은 장밋빛을 띠는 흰 꽃잎에 긴 보랏빛 수술을 지녀 벽이나 바위를 타고 올라가면 매우 장식적인 매력을 가졌다. 케이퍼는 벌어지기 전의 초록색 꽃봉오리를 채취한 것이다. 이는 일반적으로 식초나 소금물에 절여서 판매된다. 꽃봉오리가 작을수록 더 비싸며 맛과 향이 뛰어나다. 케이퍼는 구약성서에도 언급되고 있으며 고대 그리스시기부터 생선소스의 맛을 살리기 위해 이용되었다. 이전까지는 야생 상태로 있던 케이퍼나무는 16세기에 와서 프랑스의 프로방스와 니스 지역에서 재배되기 시작했다. 오늘날에는 스페인과 포르투갈에서도 재배되지만 일일이 손으로 채취해야 하므로 보다 노동력이 싼 북부 아프리카 지역으로 재배지가 바뀌고 있다.

시고 쓴 맛의 케이퍼는 마요네즈, 샐러드 그리고 레물라드와 같은 차가운 소스 등의 향을 살리는 데 이용되며 타르타르 스테이크에서 가장 중요한 역할을 한다. 특히 생선과 해물요리와 잘 어울리는데, 생선·해물요리접시에서 종종 콩처럼 생긴 작은 초록색 꽃봉오리를 발견할 수 있다. 케이퍼와 올리브, 양파의 결합은 남부 프랑스 요리의 특징이다. 앤초비와 케이퍼로 맛과 향을 살고 검은 올리브를 함께 갈아 만든 타프나드를 예로 들 수 있다.

커민, 회향

미나리과에 속하는 커민과 회향은 지중해 지역이 원산지이다. 중세 유럽에서는 동방의 향신료를 쓸 수 없었던 하층계급이 이를 음식의 맛을 돋우거나 치료제로 사용했다. 한해살이풀인 커민에서는 캐러웨이와 유사한 씨앗을 향신료로 사용한다. 커민은 수천 년 전부터 알려졌는데 중동 지역에서는 빵이나 수프에 넣어 먹었으며 구약에서도 언급되고 있다. 고대 이집트에서는 후추처럼 사용했으며 왕의 시신을 미라로 처리할 때에도 쓰였다. 고대 로마에서는 커민을 아주 귀한 것으로 여첨리녠에들로 하여금 엄중히 감시하고 관리하도록 했다. 중세 유럽에서는 캐러웨이와 마찬가지로 커민을 회향고 있으중해 지을 회켜 주고 나쁜 기운으로부터 보호받을 수 있다고 믿었다.

아랍 요리에서는 커민을 많이 사용하는데 강한 향과 톡 쏘는 매운맛이 지배적이다. 바로 이 향과 맛이 아랍 요리에 쉽게 접근할 수 없게 한다. 북아프리카의 아랍권에서도 쿠스쿠스와 타진과 같은 요리에 그리고 혼합향신료인 라스 엘 하누트의 주요 재료로 쓰인다. 한편 인도의 카레, 멕시코의 칠리 소스에서 사용되는데, 거의 모든 요리에 들어간다. 동부 유럽에서는 빵에 넣거나 몇몇의 돼지고기 가공제품과 치즈에 넣는다.

회향(廻香, fennel)은 여러해살이풀로 인도와 중국에서도 오래 전부터 알려져 있었다. 잎은 가늘고 길어서 딜과 거의 구분이 되지 않는다. 말린 풀 색깔을 띠는 회향의 씨앗을 향신료로 사용하며 이는 커민과 비슷하게 생겼다. 아니스향과 비슷한 향을 내며 톡 쏘는 맛과 더불어 단맛이 난다.

다른 미나리과에 속하는 허브의 씨앗과 마찬가지로 회향 씨앗 또한 고대부터 사용해왔다. 오랫동안 유럽에서는 회향은 시력을 회복하고 강화시키는 효과가 있다고 믿었으며, 회향풀 다발을 문 위에 걸어 놓거나 씨앗 한 알을 자물쇠 속에 넣어 두면 악귀나 나쁜 기운으로부터 보호받을 수 있다고 믿었다. 또한 젖소가 회향풀을 먹으면 젖을 많이 생산한다고 믿었다. 인도나 중국에서는 전갈이나 뱀에 물렸을 때 해독 효과가 있는 것으로 알려졌다. 동양의학에서 회향은 성질이 따뜻하고 기를 잘 통하게 하므로 찬 것을 내보내고 아픈 것을 멎게 하는 데 효과가 있으며, 입 냄새를 없애고 동맥경화를 예방하며 잠을 잘 잘 수 있도록 하고 신장과 방광을 따뜻하게 하므로 신장염이나 신부전증을 치료하는 데도 쓴다고 한다.

본래 회향이라는 이름은 썩은 간장이나 물고기에 이것을 넣으면 본래의 냄새대로 되돌아간다고 하여 붙여진 것이다. 서양에서도 질이 좋지 않은 포도주의 향을 살리기 위해 사용했다고 한다. 이렇듯 회향은 생선과 육류의 좋지 않은 냄새를 없애는 데 효과적이다. 특히 생선이나 해산물과 잘 어울린다. 인도에서는 커리나 처트니 그리고 피클에 넣으며, 식사 후 입가심으로 회향을 내놓기도 한다. 중국 오향의 재료이기도 하다. 피렌체 회향은 굵은 구근을 갖고 있어 이를 채소로 이용하며 생선 요리에 곁들여서 자주 나온다.

아메리카의 향신료

고추, 매혹적인 매운맛

고고학자들에 따르면 고추는 9,000년 전부터 멕시코에서 사용되었다고 한다. 고추가 유럽에 알려진 것은 콜럼버스가 아메리카 대륙을 발견하면서부터이다. '후추보다 더 좋은 향료'라고 기록한 콜럼버스의 일기가 고추에 대한 최초의 기록인 셈이다. 그 이후 세계 전역으로 확산되어 16세기 초부터는 지중해 지역과 중부 유럽의 온대 지역, 그리고 인도와 아시아, 아프리카 등으로 퍼져나갔다. 약 2세기 만에 고추는 전 세계로 퍼졌으며 전 세계인의 식탁에 자리 잡게 되었다.

고추는 가지과에 속하는 한해살이풀 또는 여러해살이풀로

원산지는 중앙아메리카이다. 고추는 품종이 150여 종 이상 되며 크기나 매운 정도 그리고 형태나 색깔에 있어서도 천차만별이다. 고추는 길거나 둥글거나 뾰족한 형태들이 있으며, 길이도 몇 ㎝에서부터 25㎝ 이상에까지 이르며, 색깔에 있어서도 빨갛거나, 노란색 또는 녹색·오렌지색·밤색·검은색·보라색, 심지어는 흰색에 이르기까지 다양하다. 또한 멕시코에서는 150종 이상의 고추가 사용되는 반면 아시아 지역에서는 단지 10여 종의 고추만을 사용한다.

고추는 크게 두 종으로 나뉜다. 하나는 피망이나 파프리카와 같이 열매가 크고 두툼하며 매운맛이 약하고 단맛이 나는 고추(Capsicum annuum)이며, 다른 하나는 주로 열대 지방에서 나며 크기가 작고 매운맛이 강한 멕시코의 칠리와 같은 고추(Capsicum frutescens)이다. 전자는 한해살이풀로 30㎝에서부터 1m 정도까지 자라며, 후자는 여러해살이풀로 2m까지 자란다. 우리나라 고추는 매운맛에 있어서는 양자의 중간 정도라고 할 수 있으나 전자에 속한다. 고추에는 매운 정도와 상관없이 비타민 A와 비타민 C가 다량으로 들어 있는데, 비타민 C는 감귤류의 2배, 사과의 50배가 된다고 한다.

고추의 붉은 빛깔은 캡산틴이라는 성분이고 매운맛은 캡사이신이라는 성분에서 비롯된다. 캡사이신 성분은 씨가 붙어 있는 과피 안의 얇은 흰 부분에 많이 들어 있고 방부성이 강하다. 따라서 음식이 상하기 쉬운 열대 지방일수록 고추를 넣은 음식이 많다. 아프리카의 필리필리pili-pili와 같이 매우 매운 고추는 세네갈이나 기니의 곡물이나 고기 요리에 많이 사용되며, 가장 매운 고추 중 하나인 롬복lombok도 인도네시아나 태국의 요리에서 빠지지 않는다. 반면 우리에게 잘 알려진 헝가리의 고기 스튜인 굴라쉬goulasch에서는 덜 맵고 단맛이 나는 파프리카를 사용한다. 맵고 자극적인 맛의 고추는 세계 여러 나라에서 양념이나 소스를 만드는 데 많이 사용되는데, 인도 요리에 있어서 빠지지 않는 양념 마살라와 처트니chutney, 모로코의 하리사, 인도네시아의 삼발sambal, 중국의 라쟈오장 등을 예로 들 수 있다.

고추는 우리의 식탁에서 빠질 수 없는 가장 중요한 향신료이지만 우리 땅에서의 고추의 역사는 400년밖에 되지 않는다. 고추는 17세기 초엽에 전래된 것으로 보이는데, 『지봉유설』(1613)에서는 일본에서 전래된 고추를 두고 왜겨자倭芥子라고 기록하고 있다. 그리고 고추의 매운 특성 때문에 맵다는 뜻으로 쓰였던 고苦자를 붙여 고초苦椒라고 부르기도 했다.

다른 한편 고추가 들어온 첫 시기에는 그것을 동남아시아 나라들에서 나는 후추라는 의미에서 남만초南蠻椒라고 불렀고, 일본 문헌에 임진왜란 시기 우리나라에서 고추 종자를 일본에 가져갔다는 기록이 있는 것으로 보아 고추는 일본이 아니라 동남아시아 나라들과 교역을 통해 직접 들여왔다는 주장이 있다.

유래야 어찌 됐든 "술집에서 소주에다 고초를 타서 팔기도 한다"는 『지봉유설』의 기록으로 보아, 고추가 처음 우리나라에 들어왔을 때는 조미료로 이용되지 못했고 단지 술의 자극성을 높이는 데만 쓰였다고 추측할 수 있다.

1700년대 초에 편찬된 『산림경제』는 고추가 건조한 땅에서 잘 자라고 음력 2월 말께 싹을 틔워 4~5월 비가 올 때 바람이 잘 통하는 곳에 옮겨 심으면 열매가 많이 달린다고 고추 재배법을 소개하고 있다. 『본초강목습유』(1765)에는 "고추가 요즘 재배되어 이것이 시장에 많이 모여든다. 이 고추는 고추장을 비롯한 넓은 용도로 쓰인다"고 기록되어 있어 고추가 그 시대의 식생활에 큰 영향을 미친 것으로 보인다.

김치와 고추의 결합 또한 이 시기에 이루어졌다. 발효음식인 김치는 삼국시대 이전부터 있었던 것으로 추정된다. 이미 김치의 원형은 중국에서도 약 3,000년 전 『시경』에서 '저菹'라는 이름으로 등장하는데, 고추가 등장하기 전까지는 오늘날과 달리 소금절임이나 장절임의 형태였다. 고추가 들어오기 전에는 향신료로 생강·산초·겨자 등을 사용해서 매운맛을 냈으며, 붉은색은 자주색 갓이나 맨드라미 등으로 색을 냈다.

본격적으로 고추가 김치에 사용됐다는 기록은 『증보산림경제』(1766)에 남아 있는데 "무에 청각, 호박, 가지 등의 채소와 고추, 산초, 겨자 등의 향신료를 섞고 마늘즙을 넣어 김치를 담근다"고 기록돼 있다. 또한 동치미, 배추김치, 전복김치, 굴김치 등 저채류를 만드는 법 34종이 나와 있어 이때부터 김치에 고추를 일상적으로 사용하여 색깔과 조화를 이루는 오늘날과 같은 김치의 기초가 형성되었다는 것을 알 수 있다.

바닐라, 아스텍의 향기

 1502년 9월 콜럼버스는 그의 마지막이자 세 번째인 서인도 여행길을 떠나 중앙아메리카에 도착했다. 아메리카 인디언들은 그에게 갈색의 낯선 음료를 제공했는데, 이것이 바닐라를 탄 초콜릿 음료였다. 멕시코의 고대 원주민인 톨텍족과 아스텍인들은 바닐라를 단독으로 사용하지 않고 항상 자신들이 즐겨 마시던 초코아틀이라 불리는 초콜릿 음료에 향을 내기 위해 사용했다. 그 후 바닐라는 코코아와 함께 1520년 스페인 정복자 코르테스에 의해 유럽에 전해졌다.

 19세기 중반 바닐라는 프랑스의 식민지였던 아프리카 동쪽의 레위니옹섬과 마다가스카르섬 그리고 남태평양의 타히티섬에 옮겨 심어졌다. 하지만 이곳에서 바닐라는 꽃을 피우긴 했지만 이상하게도 열매를 맺지는 못했다. 그 이전에 유럽에 관상용으로 들여온 바닐라 역시 마찬가지로 열매를 맺지 못했다. 바닐라가 유럽에 알려진 지 3세기가 지난 1836년에야 벨기에의 식물학자 샤를르 모렝에 의해 바닐라 꽃의 수정 메커니즘이 밝혀졌다.

 바닐라는 암술과 수술을 갈라놓고 있는 얇은 필름이 꽃받침을 덮고 있어 벌새나 벌이 이 필름을 파고들어야 수정이 이루어지는 충매식물이다. 따라서 다른 지역에 옮겨 심는다 하더라도 멜리포니나이라는 벌이나 벌새가 없는 한 열매를 맺지 못한다. 유럽에 관상용으로 들여온 바닐라가 열매를 맺지 못하는 것은 당연한 일이었다. 1841년 에드몽 알비우스라는 레위니옹섬 출신의 젊은 노예에 의해 가느다란 가시를 이용한 인공수정법이 고안된 이후 오늘날까지도 바닐라의 수정작업은 일일이 인간의 손으로 이루어진다.

바닐라는 엷은 녹색 꽃이 피는 난초류의 덩굴식물로, 덥고 습한 열대 아메리카 지역이 원산지이다. 이 덩굴식물은 나무나 지지대를 타고 5m 정도까지 뻗어 올라가며 4년째에 처음으로 열매를 맺는다. 깍지열매는 길이가 10~20㎝, 지름이 1㎝ 정도 되는 길고 가느다란 딱딱한 녹색 열매로 그 속에는 수천 개의 아주 작은 씨앗들이 들어 있다. 갓 딴 열매는 향이 없는데 특유의 향을 얻기 위해서는 발효과정을 거쳐야 한다. 먼저 열매를 60~70℃의 따뜻한 물에 담근 후 12시간 동안 건조시킨다. 그리고 2~3주 정도 햇볕에서 말린 뒤 다시 1개월 동안 그늘에서 말려준다. 이렇게 발효과정이 진행되는 동안 효소들은 바닐라 내에 존재하는 물질들을 분해해 바닐린으로 변화시킨다. 마침내 방향성 알데하이드가 강화된 바닐린 결정이 곱게 서려 독특한 향을 내는 짙은 갈색 깍지열매인 바닐라를 얻게 된다.

바닐라는 아이스크림·푸딩·무스 등 제과에 가장 많이 사용되며, 소비는 점차 증대하고 있다. 생산량은 한정되어 있기 때문에 천연 바닐라는 비싼 향신료에 속한다. 오늘날 천연 바닐라 생산량은 1,500톤에 지나지 않는다. 따라서 천연 바닐라는 가장 비싼 제품에만 사용된다. 값싼 제품에는 천연 바닐라와 아주 유사한 에틸바닐린이라는 합성물질인 인공 바닐라향을 사용한다. 실제로 전 세계에 필요한 양의 90%가 인공 바닐라향으로 충당되고 있다.

현재 바닐라의 주요 생산지는 아프리카 동부의 큰 섬 마다가스카르이다. 여기에서는 연간 세계 소비량의 4분의 3에 해당하는 1,000여 톤의 바닐라를 생산하고 있다. 레위니옹섬은 '부르봉 바닐라'라고 불리는 상품의 바닐라를 생산하며 주로 프랑스를 비롯한 중부 유럽에서 소비된다. 타이티에는 플라니폴리아 바닐라와 타이티 바닐라가 있는데, 타이티 바닐라는 매우 적은 양이 생산되며 아니스향을 함유하고 있어 미식가들이 즐겨 찾는 최상품의 바닐라이다. 천연 바닐라향을 잘 살리려면 깍지를 길게 반으로 잘라 안쪽의 씨앗을 긁어내어 사용한다. 예전에는 바닐라를 설탕 속에 넣어 보관했는데, 씨앗을 긁어낸 바닐라 깍지를 설탕에 담가두면 바닐라향이 설탕에 배어난다. 이 바닐라 설탕도 제과에 많이 이용된다.

올스파이스

올스파이스는 콜럼버스가 자메이카섬에서 발견한, 키가 10~12m에 이르는 상록수의 열매이다. 열매는 4~6년 이상인 나무에서 열리며 수령은 100년에 이르기도 한다. '자메이카 후추'라는 명칭은 열매가 후추 열매와 비슷해서 생긴 착각에서 비롯되었다. 이것이 상업화된 것은 1655년 영국이 자메이카를 점령하고 나서이다. 이후 아메리카 열대 지역에 옮겨 심어져 자메이카 외에 온두라스, 과테말라, 브라질 등지에서 재배된다. 이 상록수의 열매는 굵은 완두콩 크기의 장과로 다 익으면 진홍색이 된다. 성숙하기 전의 초록색 열매를 수확해서 햇볕에 말리거나 인공적으로 말려야 익은 열매보다 더 향과 맛이 좋다. 말리면 붉은색을 띤 갈색으로 변하는데 검은 후추처럼 생겼지만 조금 크고 주름이 없거나 있기도 하다.

'자메이카 후추' 또는 '자메이카 고추'라고도 불리는 올스파이스는 후추와 고추와는 무관하다. 육계·정향·후추·육두구 등의 향이 모두 난다고 해서 올스파이스라는 이름을 영국인들이 붙였는데, 원산지인 자메이카에서는 이를 피멘토pimento라고 부른다. 실제로는 후추 같은 매운맛은 없으며 상쾌하고 달콤하면서도 쌉쌀한 맛이 정향에 가깝게 느껴지면서 계피와 육두구의 가벼운 터치를 발견할 수 있다. 자메이카에서는 올스파이스는 대중적인 향신료로 소스를 곁들인 닭요리, 향신료를 가미한 생선튀김과 같은 일상적 음식에 많이 쓰인다. 특히 저크 포크jerk pork라는 돼지고기 요리는 고기를 올스파이스와 육계, 고추 등의 향신료에 절여 올스파이스 잎으로 덮어 두었다가 그 나무로 굽는 요리로 올스파이스의 향이 한껏 살아난다. 영국에서는 절인 정어리나 쇠고기 요리에 이를 사용하며 아일랜드에서는 아일랜드식 쇠고기 요리와 푸딩과 과자 등 디저트에 많이 쓰인다. 스칸디나비아 국가에서는 정어리와 같은 절인 생선 요리·고기완자·간 파테 등에, 독일에서는 고기나 찬 생선 요리에 사용한다. 프랑스에서는 이를 세 가지 후추와 붉은 후추를 함께 섞어 만든 '다섯 가지 열매' 또는 '다섯 가지 후추'를 요리에 사용한다.

혼합 향신료

향신료를 즐겨 쓰는 지역에서는 여러 향신료를 조합해서 사용하는데, 이러한 조합은 지역이나 개인에 따라 다를 수 있다. 마치 집마다 장맛이, 또는 지역마다 김치맛이 다른 것과 같다. 또한 향신료의 사용은 모든 음식이 그러하듯, 그 음식을 만들고 소비하는 지역의 사회·경제적 여건 및 문화를 반영한다.

마살라, 카레

인도는 향신료의 천국답게 사용하는 향신료가 100가지가 넘는다. 일반 가정에서도 쓰이는 향신료도 10여 종이나 되는

데, 흔히 향신료를 섞은 혼합향신료를 만들어 요리에 두루 사용한다. 이 혼합향신료를 마살라masala라고 하는데, 이는 인도의 거의 모든 요리에 들어가는 기본양념이다. 요리에 따라 사람에 따라 혼합하는 향신료가 달라 종류가 수없이 많으며, 각 가정마다 독특한 마살라를 만들어 쓴다. 예를 들어 고추와 같은 매운맛을 더 강화할 수 있고 향미가 강한 향신료의 비율을 더 높일 수 있는 등 자신의 취향에 맞는 독특한 요리를 만들 수 있다. 마살라는 가루나 또는 반죽 형태로 만들어지며, 향신료들을 혼합하기 전에 일반적으로 볶아서 향미를 강화한다.

가장 잘 알려져 있고 많이 사용하는 마살라는 가람 마살라garam masala이다. 가람은 '맵다'라는 의미를 갖고 있으므로 가람 마살라는 매운 혼합향신료라고 할 수 있다. 다른 혼합향신료와는 달리, 이는 흔히 요리가 끝난 후에 넣어 보다 맛과 향을 강화한다. 가람 마살라는 기본적으로 강황, 고추, 생강, 겨자, 검은 후추, 커민, 월계수 잎, 코리앤더, 카르다몸, 육두구 또는 메이스, 정향, 계피 등을 섞은 것이다.

카레curry는 인도 타밀어 karhi에서 비롯된 말로, 인도에서 카레는 채소나 고기에 다양한 향신료를 넣고 걸쭉하게 끓인 음식을 말한다. 인도 어느 지방에서나 맛볼 수 있는 카레는 밥에 얹어 먹거나 인도식 빵인 차파티나 난과 함께 먹는다. 바로 이 카레에 넣는 혼합향신료도 마살라이다. 카레 특유의 노란색은 혼합향신료에 들어간 강황에서 비롯된다.

이 마살라를 인도에서 생활한 식민지인들, 특히 영국인들이 본국에 돌아와 자신들의 입맛에 맞게 개발해 상업화한 것이 카레가루이다. 카레가 요리로서 유럽에 전해진 것은 1772년, 훗날 초대 벵골총독이 되는 워렌 헤이스팅스가 영국 동인도회사의 사원이던 시절에 대량의 마살라와 인도 쌀을 고국으로 가지고 돌아온 것이 시초이다. 그는 인도인 요리사에게 카레와 밥을 혼합한 음식을 만들게 하여 그것을 왕국의 리셉션 등에서 선보여 큰 호평을 받았다고 한다. 귀족 연회를 담당하던 클로스 앤 블랙웰(C&B)사가 이 소문을 듣고 곧바로 영국인의 입맛에 맞도록 매운맛을 줄여 세계 최초의 카레가루 개발에 성공했는데, 이것을 사용해 고기나 야채를 조리한 것이 영국식 카레이다.

오향

우리에게 익숙한 중국 요리 중의 하나가 오향장육, 즉 다섯 가지 향신료를 넣고 돼지고기를 삶아내는 요리이다. 오향(Chinese five spice)은 산초·계피·정향·회향·팔각 등 5가지 향신료를 동량으로 섞어 만든 중국의 대표적인 혼합향신료이다. 이는 알갱이째로 섞어 팔기도 하고 가루로 팔기도 한다. 오향은 오행五行철학을 바탕으로 만들어진 것으로 다섯 요소에 상응하는 다섯 가지 맛을 내는 혼합물이다.

고대부터 중국인들은 조화와 균형을 중시하는 가치체계를 발전시켜왔다. 이러한 가치체계를 발전시킨 것이 주로 오행철학과 음양철학, 그리고 유가의 중용철학이다. 그중에서도 균형과 조화의 가치체계 확립에 가장 먼저 영향을 준 것은 바로 오행철학이었다. 고대 중국인들은 이 세상에 존재하는 모든 물질을 오행, 즉 물·불·나무·금속·흙 등 다섯 가지 요소의 구조체로 파악하였을 뿐만 아니라 인간의 관념까지도 모두 오행의 구조로 파악하고자 했다.

바로 이 오행철학은 중국의 음식문화 형성에도 지대한 영향을 미쳤고, 음식물 구조를 오행철학에 비추어 파악했다. 곡식은 오곡으로 가축은 오축으로 파악했고, 음식물의 맛과 향기도 오미五味와 오향의 구조로 파악했다. 게다가 약과 음식은 같은 뿌리라는 약식동원藥食同源의 사상이 결합되면서 오미와 오향은 인간의 오장五臟의 기능과 관련이 있다고 본다. 이러한 오행철학과 약식동원의 사고는 우리의 음식문화에도 지대한 영향을 미친다.

카트르 에피스

'네 가지 향신료'라는 이름이 지칭하듯이, 카트르 에피스quatre épices는 흰 후추·육두구·정향·생강 등 4가지 향신료를 섞어 만든 프랑스의 혼합향신료이다. 주로 육류요리에 쓰이는데 고기와 고기 부산물을 갈아서 만쟀두구파테나 테린에 많이 쓰인다. 이는 식재료나 음식에 따라 혼합비율을 조절할 수 있다. 올스파이스와 육계가 흰 후추와 생강을 동일한 양으로 대체하기도 한다.

오늘날 프랑스 요리에서 향신료는 그 사용이 극히 제한적이어서, 후추·육두구·마늘 정도 외에는 일상 요리에 거의 사용되지 않는다. 최근 고급 요리에서 잊혀졌던 과거의 향신료의 사용을 통해, 미묘하고 섬세한 맛을 살리려는 시도들이 있다. 하지만 앞에서도 살펴보았듯, 음식에 향미를 더하기 위해서는 대부분 향초를 사용한다. 따라서 오랜 세기 동안 너무나 비싸 쉽게 접근할 수 없었던 4가지 향신료는, 이제 고기나 고기 부산물의 특유의 냄새를 없애기 위한 목적으로 쓰일 뿐이다.

라스 엘 하누트

과거 향신료의 동방무역을 주도했던 이슬람 문화권에 속하는 북아프리카 지역은 향신료를 많이 사용한다. 이 지역에서도 혼합향신료를 많이 사용하는데, 가장 유명한 것은 '가게의 으뜸'이라는 뜻을 지닌 모로코의 라스 엘 하누트ras el hanout, 하리사harissa이다. 이는 20가지 이상의 향신료를 섞어 만든 혼합향신료로, 혼합 방법은 모든 모로코의 향신료상마다 다르다. 일반적으로 육계·카르다몸·고추·커민·코리앤더·정향·후추·생강·육두구·심황 등의 향신료와 말린 꽃잎들, 소금을 섞어서 만든다. 최음효과를 높이기 위해서 꽃잎을 더 넣기도 한다. 이들은 항상 미리 가루로 만들어 팔지 않고 알갱이째 파는데, 요리할 때마다 필요한 만큼 갈아서 사용한다.

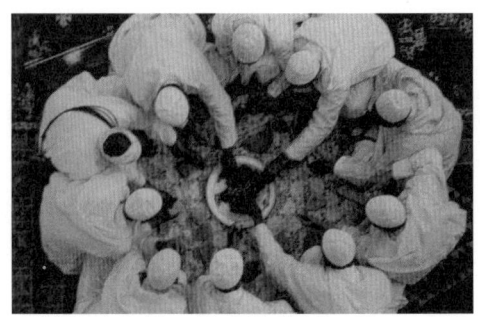
혼합향신료가 들어간 고기찜 요리를 함께 들고 있는 모로코인들

모로코의 대표적인 음식으로는 쿠스쿠스가 있다. 쿠스쿠스는 파스타 재료로 쓰이는 듀럼 밀을 거칠게 갈아 쪄낸 후 말려서 만든 것으로 좁쌀처럼 생겼다. 모로코뿐 아니라 알제리, 튀니지 등지에서도 많이 먹는다. 쿠스쿠스의 조리법은 조금 특이하다. 아래 위 두 층으로 나뉜 쿠스쿠시에르라는 냄비를 사용하는데, 위에서는 쿠스쿠스를 쪄내고 아래에서는 고기나 야채로 만든 스튜를 조리한다. 이 스튜는 양고기나 송아지고기, 닭고기와 각종 야채를 사용하는데 들어가는 재료에 따라 다양한 맛을 낼 수 있다. 물론 여기에 라스 엘 하누트가 들어간다. 쪄낸 쿠스쿠스에 이 스튜를 얹어 먹는데, 보통 하리사라는 소스와 함께 곁들여 먹는다. 이는 모로코와 튀니지, 알제리 요리에 많이 쓰이는 고추를 기본으로 하는 양념이다. 하리사는 고추·코리엔더·커민·마늘 등에 소금과 올리브 오일을 섞어 만든 묽은 반죽 형태의 혼합향신료이다.

하리사는 수프나 스튜 요리, 또는 쿠스쿠스의 소스에 넣으며, 바비큐 소스로 쓰이거나 구운 고기를 찍어 먹기 위해 따로 내기도 한다. 또한 하리사에 신선한 토마토를 갈아 넣어 케밥이나 스낵을 만들기도 한다. 플레인 요구르트를 섞어 돼지고기나 닭을 재워 놓았다 요리하기에 좋다.

칠리파우더

멕시코는 고추의 원산지이다. 이곳에는 가장 매운 고추로 알려진 사바나 하바네로를 비롯한 수십 종의 고추가 있다. 그래서 멕시코 음식에는 고추가 많이 사용된다. 특히 작은 고추의 대명사인 멕시코 칠리와 커민, 오레가노, 마늘가루 등을 갈아 만든 혼합향신료인 칠리파우더chilli powder는 멕시코 요리에서 빼놓을 수 없다. 혼합비율에 따라 매운 것에서부터 별로 맵지 않은 것까지 다양하다. 칠리파우더는 바비큐 소스, 미트 소스, 쇠고기 스튜, 칠리 콘 카르네 등과 같은 요리에 많이 사용된다. 특히 칠리 콘 카르네는 멕시코와 미국 남부 텍사스의 카우보이들이 즐겨 먹던 음식으로 쇠고기를 갈아서 칠리나 칠리파우더, 콩 등을 넣어 소스처럼 만든 것인데, 핫도그나 빵 또는 토티아에 얹어 먹으면 잘 어울린다.

우스터 소스, 핫 소스

우스터 소스worcester sauce와 핫 소스hot sauce는 오늘날 향신료로 독특한 맛을 내 식탁용 양념으로 쓰이는 소스들 가운데 대표적인 것이다. 이것은 세계인의 입맛을 표준화할 정도로 널리 사용되고 있으며, 대량생산되고 있다. 우스터 소스는 1850년경부터 영국의 우스터시市에서 판매되었기 때문에 이러한 이름이 붙었다. 병조림 소스로서 장기간 보존할 수 있으므로 식탁용 양념으로서 널리 보급되었고 서양식 소스라 하면 거의 이것을 가리킬 정도가 되었다.

양파, 당근, 다시마를 삶은 물을 걸러내어, 여기에 당밀·물엿·소금·캐러멜 등을 넣어 끓인 다음, 육계·정향·육두구·후추 등의 향신료를 물에 타서 가열한 액과 섞어서 만든 것이 이 소스이다. 간편하게 조리하는 서양요리의 양념으로 널리 쓰일 뿐만 아니라 독특한 향으로 인해 중국요리와 같은 동양요리에서도 사용한다.

톡 쏘는 향과 매운맛이 나는 핫 소스는 우리가 피자와 같은 느끼한 서양 음식을 먹을 때 흔히 찾는 소스이다. 핫 소스의 종류는 무수히 많지만, 대표적인 것으로 멕시코의 타바스코 지방의 작고 매운 붉은 고추로 만든 타바스코 소스가 있다. 타바스코 소스는 1868년 미국의 에드먼드 매킬레니가 상품화하였다. 매킬레니는 타바스코 씨를 얻어다 심은 후에 잘 익은 것을 참나무통에 보관해 두었는데 어느 날 타바스코가 발효하면서 향을 내자 여기에 소금과 식초를 넣고 3년 이상 발효시켜 오늘날의 타바스코 소스를 만들었다.

참고문헌

가일스 밀턴, 손원재 옮김, 『향료전쟁』, 생각의 나무, 2002.
고바야시 다카시, 이진복 옮김, 『상업의 세계사 – 바닷길로 본 세계경제의 역사』, 황금가지, 2004.
마귈론 투생-사마, 이덕환 옮김, 『먹거리의 역사』, 까치, 2002.
맛시모 몬타나리, 주경철 옮김, 『유럽의 음식문화』, 새물결, 2001.
아니 위베르·클로틸드 부아베르, 노정규 옮김, 『향신료』, 창해, 2000.
이영미, 『향신료』, 김영사, 2004.
정수일, 『고대문명의 교류사』, 사계절, 2001.
장-마리 펠트, 김중현 옮김, 『향신료의 역사』, 좋은책만들기, 2005.
하이드룬 메르클레, 『식탁 위의 쾌락 – 부엌과 식탁을 둘러싼 맛있는 역사』, 열대림, 2005.
한상길, 『향료문화의 발달사』, 신광, 2004.
Alain Stella, *Le livre des épices*, Flammarion, 1998.
Au cœur des épices, ouvrage collectif, Hachette, 2003.
Edmond Neirinck, Jean-Pierre Poulain, *Histoire de la cuisine et des Cuisiniers*, Editions Jacques Lanore, 2000.
Encyclopédie des herbes et des épices, Sélection du Reader's Digest, 1993.
L'encyclopédie visuelle des aliments, Québec Qmérique, 1999.
Sallie Morris, Lesley Mackley, *Cook's Encyclopedia of Spices*, Lorenz Books, 2003.

달콤한 미각의 역사 향신료 이야기

펴낸날	초판 1쇄 2006년 8월 30일
	초판 5쇄 2015년 12월 12일
지은이	정한진
펴낸이	심만수
펴낸곳	(주)살림출판사
출판등록	1989년 11월 1일 제9-210호
주소	경기도 파주시 광인사길 30
전화	031-955-1350 팩스 031-624-1356
기획·편집	031-955-4671
홈페이지	http://www.sallimbooks.com
이메일	book@sallimbooks.com
ISBN	978-89-522-0550-6 04080

※ 값은 뒤표지에 있습니다.
※ 잘못 만들어진 책은 구입하신 서점에서 바꾸어 드립니다.

함께 읽으면 좋은 책

역사·문명

085 책과 세계

강유원(철학자)

책이라는 텍스트는 본래 세계라는 맥락에서 생겨났다. 인류가 남긴 고전의 중요성은 바로 우리가 가 볼 수 없는 세계를 글자라는 매개를 통해서 우리에게 생생하게 전해 주는 것이다. 이 책은 역사라는 시간과 지상이라고 하는 공간 속에 나타났던 텍스트를 통해 고전에 담겨진 사회와 사상을 드러내려 한다.

056 중국의 고구려사 왜곡 `eBook`

최광식(고려대 한국사학과 교수)

중국의 고구려사 왜곡의 숨은 의도와 논리, 그리고 우리의 대응 방안을 다뤘다. 저자는 동북공정이 국가 차원에서 진행되는 정치적 프로젝트임을 치밀하게 증언한다. 경제적 목적과 영토 확장의 이해관계 등이 복잡하게 얽혀 있는 동북공정의 진정한 배경에 대한 설명, 고구려의 역사적 정체성에 대한 문제, 고구려사 왜곡에 대한 우리의 대처방법 등이 소개된다.

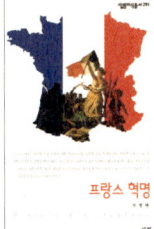

291 프랑스 혁명 `eBook`

서정복(충남대 사학과 교수)

프랑스 혁명은 시민혁명의 모델이자 근대 시민국가 탄생의 상징이지만, 그 실상을 아는 사람은 많지 않다. 프랑스 혁명이 바스티유 습격 이전에 이미 시작되었으며, 자유와 평등 그리고 공화정의 꽃을 피기 위해 너무 많은 피를 흘렸고, 혁명의 과정에서 해방과 공포가 엇갈리고 있었다는 등의 이야기를 통해 프랑스 혁명의 실상을 소개한다.

139 신용하 교수의 독도 이야기 `eBook`

신용하(백범학술원 원장)

사학계의 원로이자 독도 관련 연구의 대가인 신용하 교수가 일본의 독도 영토 편입문제를 걱정하며 일반 독자가 읽기 쉽게 쓴 책. 저자는 역사적으로나 국제법상으로 실효적 점유상으로나, 어느 측면에서 보아도 독도는 명백하게 우리 땅이라고 주장하며 여러 가지 역사적인 자료를 제시한다.

역사·문명

144 페르시아 문화

eBook

신규섭(한국외대 연구교수)

인류 최초 문명의 뿌리에서 뻗어 나와 아랍을 넘어 중국, 인도와 파키스탄, 심지어 그리스에까지 흔적을 남긴 페르시아 문화에 대한 개론서. 이 책은 오랫동안 베일에 가려 있던 페르시아 문명을 소개하여 이슬람에 대한 편견과 오해를 바로 잡는다. 이태백이 이 관계였다는 사실, 돈황과 서역, 이란의 현대 문화 등이 서술된다.

086 유럽왕실의 탄생

김현수(단국대 역사학과 교수)

인류에게 '예술과 문명' 그리고 '근대와 국가'라는 개념을 선사한 유럽왕실. 유럽왕실의 탄생배경과 그 정체성은 무엇인가? 이 책은 게르만의 한 종족인 프랑크족과 메로빙거 왕조, 프랑스의 카페 왕조, 독일의 작센 왕조, 잉글랜드의 웨섹스 왕조 등 수많은 왕조의 출현과 쇠퇴를 통해 유럽 역사의 변천을 소개한다.

016 이슬람 문화

이희수(한양대 문화인류학과 교수)

이슬람교와 무슬림의 삶, 테러와 팔레스타인 문제 등 이슬람 문화 전반을 다룬 책. 저자는 그들의 멋과 가치관을 흥미롭게 설명하면서 한편으로 오해와 편견에 사로잡혀 있던 시각의 일대 전환을 요구한다. 이슬람교와 기독교의 관계, 무슬림의 삶과 낭만, 이슬람 원리주의와 지하드의 실상, 팔레스타인 분할 과정 등의 내용이 소개된다.

100 여행 이야기

eBook

이진홍(한국외대 강사)

이 책은 여행의 본질 위를 '길거리의 철학자'처럼 편안하게 소요한다. 먼저 여행의 역사를 더듬어 봄으로써 여행이 어떻게 인류 역사의 형성과 같이해 왔는지를 생각하고, 다음으로 여행의 사회학적·심리학적 의미를 추적함으로써 여행에 어떤 의미를 부여할 것인가에 대해 말한다. 또한 우리의 내면과 여행의 관계 정의를 시도한다.

역사·문명

293 문화대혁명 중국 현대사의 트라우마

eBook

백승욱(중앙대 사회학과 교수)

중국의 문화대혁명은 한두 줄의 정부 공식 입장을 통해 정리될 수 없는 중대한 사건이다. 20세기 중국의 모든 모순은 사실 문화대혁명 시기에 집약되어 있다고 해도 과언이 아니다. 사회주의 시기의 국가·당·대중의 모순이라는 문제의 복판에서 문화대혁명을 다시 읽을 필요가 있는 지금, 이 책은 문화대혁명에 대한 안내자가 될 것이다.

174 정치의 원형을 찾아서

eBook

최자영(부산외국어대학교 HK교수)

인류가 걸어온 모든 정치체제들을 매우 짧은 기간 동안 시험하고 정비한 나라, 그리스. 이 책은 과두정, 민주정, 참주정 등 고대 그리스의 정치사를 추적하고, 정치가들의 파란만장한 일화 등을 소개하고 있다. 특히 이 책의 저자는 아테네인들이 추구했던 정치방법이 오늘 우리 사회가 당면한 문제를 해결할 수 있는 지혜의 발견에 도움을 줄 수 있을 것이라고 말한다.

420 위대한 도서관 건축순례

eBook

최정태(부산대학교 명예교수)

이 책은 도서관의 건축을 중심으로 다룬 일종의 기행문이다. 고대 도서관에서부터 21세기에 완공된 최첨단 도서관까지, 필자는 가능한 많은 도서관을 직접 찾아보려고 애썼다. 미처 방문하지 못한 도서관에 대해서는 문헌과 그림 등 가능한 많은 정보를 수집하려 노력했다. 필자의 단상들을 함께 읽는 동안 우리 사회에서 도서관이 차지하는 의미에 대해 다시 생각하게 된다.

421 아름다운 도서관 오디세이

eBook

최정태(부산대학교 명예교수)

이 책은 문헌정보학과에서 자료 조직을 공부하고 평생을 도서관에 몸담았던 한 도서관 애찬가의 고백이다. 필자는 퇴임 후 지금까지 도서관을 돌아다니면서 직접 보고 배운 것이 40여 년 동안 강단과 현장에서 보고 얻은 이야기보다 훨씬 많았다고 말한다. '세계 도서관 여행 가이드'라 불러도 손색없을 만큼 풍부하고 다채로운 내용이 이 한 권에 담겼다.

역사 · 문명

eBook 표시가 되어있는 도서는 전자책으로 구매가 가능합니다.

- 016 이슬람 문화 | 이희수
- 017 살롱문화 | 서정복 eBook
- 020 문신의 역사 | 조현설 eBook
- 038 헬레니즘 | 윤진 eBook
- 056 중국의 고구려사 왜곡 | 최광식 eBook
- 085 책과 세계 | 강유원
- 086 유럽왕실의 탄생 | 김현수
- 087 박물관의 탄생 | 전진성
- 088 절대왕정의 탄생 | 임승휘
- 100 여행 이야기 | 이진홍 eBook
- 101 아테네 | 장영란 eBook
- 102 로마 | 한형곤 eBook
- 103 이스탄불 | 이희수
- 104 예루살렘 | 최창모
- 105 상트 페테르부르크 | 방일권 eBook
- 106 하이델베르크 | 곽병휴 eBook
- 107 파리 | 김복래
- 108 바르샤바 | 최건영 eBook
- 109 부에노스아이레스 | 고부안
- 110 멕시코 시티 | 정혜주
- 111 나이로비 | 양철준 eBook
- 112 고대 올림픽의 세계 | 김복희 eBook
- 113 종교와 스포츠 | 이창익
- 115 그리스 문명 | 최혜영
- 116 그리스와 로마 | 김덕수 eBook
- 117 알렉산드로스 | 조현미
- 138 세계지도의 역사와 한반도의 발견 | 김상근 eBook
- 139 신용하 교수의 독도 이야기 | 신용하
- 140 간도는 누구의 땅인가 | 이성환
- 143 바로크 | 신정아
- 144 페르시아 문화 | 신규섭 eBook
- 150 모던 걸, 여우 목도리를 버려라 | 김주리
- 151 누가 하이카라 여성을 데리고 사나 | 김미지
- 152 스위트 홈의 기원 | 백지혜
- 153 대중적 감수성의 탄생 | 강심호
- 154 에로 그로 넌센스 | 소래섭
- 155 소리가 만들어낸 근대의 풍경 | 이승원
- 156 서울은 어떻게 계획되었는가 | 염복규
- 157 부엌의 문화사 | 함한희
- 171 프랑크푸르트 | 이기식 eBook
- 172 바그다드 | 이동은 eBook
- 173 아테네인, 스파르타인 | 윤진
- 174 정치의 원형을 찾아서 | 최자영 eBook
- 175 소르본 대학 | 서정복
- 187 일본의 서양문화 수용사 | 정하미
- 188 번역과 일본의 근대 | 최경욱
- 189 전쟁국가 일본 | 이성환 eBook
- 191 일본 누드 문화사 | 최유경
- 192 주신구라 | 이준섭
- 193 일본의 신사 | 박규태
- 220 십자군, 성전과 약탈의 역사 | 진원숙
- 239 프라하 | 김규진 eBook
- 240 부다페스트 | 김성진 eBook
- 241 보스턴 | 황선희
- 242 돈황 | 전인초
- 249 서양 무기의 역사 | 이내주
- 250 백화점의 문화사 | 김인호
- 251 초콜릿 이야기 | 정한진
- 252 향신료 이야기 | 정한진
- 259 와인의 문화사 | 고형욱
- 269 이라크의 역사 | 공일주
- 283 초기 기독교 이야기 | 진원숙
- 285 비잔틴제국 | 진원숙 eBook
- 286 오스만제국 | 진원숙
- 291 프랑스 혁명 | 서정복 eBook
- 292 메이지유신 | 장인성 eBook
- 293 문화대혁명 | 백승욱 eBook
- 294 기생 이야기 | 신현규 eBook
- 295 에베레스트 | 김법모 eBook
- 296 빈 | 인성기 eBook
- 297 발트3국 | 서진석 eBook
- 298 아일랜드 | 한일동 eBook
- 308 홍차 이야기 | 정은희 eBook
- 317 대학의 역사 | 이광주
- 318 이슬람의 탄생 | 진원숙
- 335 고대 페르시아의 역사 | 유흥태
- 336 이란의 역사 | 유흥태
- 337 에스파한 | 유흥태
- 342 다방과 카페, 모던보이의 아지트 | 장유정
- 343 역사 속의 채식인 | 이광조
- 371 대공황 시대 | 양동휴 eBook
- 420 위대한 도서관 건축순례 | 최정태 eBook
- 421 아름다운 도서관 오디세이 | 최정태 eBook
- 423 서양 건축과 실내 디자인의 역사 | 천진희 eBook
- 424 서양 가구의 역사 | 공혜원 eBook
- 437 알렉산드리아 비블리오테카 | 남태우 eBook
- 439 전통 명품의 보고, 규장각 | 신병주 eBook
- 443 국제난민 이야기 | 김철민 eBook
- 462 장군 이순신 | 도현신 eBook
- 463 전쟁의 심리학 | 이윤규 eBook
- 466 한국무기의 역사 | 이내주 eBook
- 486 대한민국 대통령들의 한국경제 이야기1 | 이장규 eBook
- 487 대한민국 대통령들의 한국경제 이야기2 | 이장규 eBook
- 490 역사를 움직인 중국 여성들 | 이양자 eBook
- 493 이승만 평전 | 이주영 eBook
- 494 미군정시대 이야기 | 차상철 eBook
- 495 한국전쟁사 | 이희진 eBook
- 496 정전협정 | 조성훈 eBook
- 497 북한 대남침투도발사 | 이윤규 eBook
- 510 요하 문명(근간)
- 511 고조선왕조실록(근간)
- 512 고구려왕조실록 1(근간)
- 513 고구려왕조실록 2(근간)
- 514 백제왕조실록 1(근간)
- 515 백제왕조실록 2(근간)
- 516 신라왕조실록 1(근간)
- 517 신라왕조실록 2(근간)
- 518 신라왕조실록 3(근간)
- 519 가야왕조실록(근간)
- 520 발해왕조실록(근간)
- 521 고려왕조실록 1(근간)
- 522 고려왕조실록 2(근간)
- 523 조선왕조실록 1 | 이성무 eBook
- 524 조선왕조실록 2 | 이성무 eBook
- 525 조선왕조실록 3 | 이성무 eBook
- 526 조선왕조실록 4 | 이성무 eBook
- 527 조선왕조실록 5 | 이성무 eBook
- 528 조선왕조실록 6 | 편집부 eBook

(주)살림출판사
www.sallimbooks.com
주소 경기도 파주시 문발동 522-1 | 전화 031-955-1350 | 팩스 031-955-1355